Englisch
Gymnasium (G8)
9./10. Schuljahr

von
Johannes Wahl

WISSEN OK!

Klett Lernen und Wissen

Dr. Johannes Wahl ist Gymnasiallehrer für die Fächer
Englisch, Deutsch und Geschichte in Baden-Württemberg.

Bildnachweis
S. 75: ullstein bild GmbH, Berlin/KPA – S. 98: ullstein bild GmbH, Berlin/Peter Arnold Inc. – S. 99: iT, Berlin – S. 100: Corbis, Düsseldorf/Brendan McDermid/Reuters – S. 101: ullstein bild GmbH, Berlin/Welters – S. 102 oben: ullstein bild GmbH, Berlin/imagebroker.net – S. 102 unten: ullstein bild GmbH, Berlin/Garnitz – S. 103: Corbis, Düsseldorf/John Van Hasselt – S. 104: ullstein bild GmbH, Berlin/imagebroker.net – S. 106: ullstein bild GmbH, Berlin – S. 107 links: ullstein bild GmbH, Berlin/AP – S. 107 rechts: ullstein bild GmbH, Berlin/Granger Collection

Bibliografische Information der Deutschen Nationalbibliothek
Die Deutsche Nationalbibliothek verzeichnet diese Publikation in der Deutschen Nationalbibliografie; detaillierte bibliografische Daten sind im Internet über http://dnb.d-nb.de abrufbar.

Auflage 4 3 2 1 | 2010 2009 2008 2007
Die letzten Zahlen bezeichnen die Auflage und das Jahr des Druckes.

Internetadresse: http://www.klett.de
Umschlaggestaltung: VIER FÜR TEXAS* Ideenwerk, Frankfurt/Main
Grafiken: Meyle + Müller GmbH + Co.KG, Pforzheim – S. 77 und 121: Marlene Pohle, Stuttgart
Satz: Meyle + Müller GmbH + Co.KG, Pforzheim
Reproduktion: Meyle + Müller GmbH + Co.KG, Pforzheim
Druck: Druckerei Wirtz, Speyer
Printed in Germany

ISBN 978-3-12-926023-4

9 783129 260234

Inhalt

1 Die Zeiten

Die Vergangenheit
- Das *past perfect* 6
- Das *past perfect progressive* 8
- Das *simple past* 10
- Das *past progressive* 12
- Das *present perfect* 14
- Das *present perfect progressive* 16

Die Gegenwart
- Das *simple present* 18
- Das *present progressive* 20

Die Zukunft
- *Going to-future* und *will-future* 22
- *Future progressive* und *present progressive* mit zukünftiger Bedeutung 24
- *Future perfect* und *future perfect progressive* 26

Das *conditional*
- Das *conditional* 28
- Das *conditional perfect* 30

2 Das Passiv

- Die Zeiten im Passiv 32
- Der *by-agent* 34
- Das Passiv bei Verben mit zwei Objekten 35
- Besondere Passivkonstruktionen 36

3 Der Infinitiv

- Der Infinitiv mit "to" 38
- Der Infinitiv ohne "to" 40

4 Das *gerund*

- Das *gerund* als Subjekt und Objekt 42
- Das *gerund* nach bestimmten Verben 43

Inhalt

Das *gerund* nach Präpositionen 44
Verb + Infinitiv oder Verb + *gerund*? 46

5 *Participles*
Das *present participle* 48
Das *past participle* 50

6 Die indirekte Rede
Prinzipien der indirekten Rede 52
Die Zeitverschiebung 54
Fragen 56
Aufforderungen und Vorschläge 57
Orts- und Zeitangaben 58
Modalverben 59

7 Der Satz
Aussagesätze 60
Die Stellung von Adverbien, Orts- und Zeitangaben 62
Fragesätze 64
Question tags 65
Aufforderungen, Verbote und Vorschläge 66
Die Inversion 67
Notwendige und nichtnotwendige Relativsätze 68
Relativpronomen 70
"If"-Sätze 72

8 Kommunikation
Präsentieren 74
Erörtern 76
Bilder beschreiben 77
Zeitungsnachrichten verfassen 78
Private Briefe schreiben 80
Formale Briefe schreiben 82
Kurzgeschichten interpretieren 84

9 Übersetzungsstrategien

Gerunds und *participles* 86
Das Passiv 88
Present perfect und *progressive*-Zeiten 89
Veränderung der Wortart oder Satzstruktur 90

10 Stil

Merkmale eines guten Stils 92
Wortschatz 94
Sätze mit Konjunktionen 96

11 Landeskunde

Großbritannien und Europa 98
Irland 100
Australien 102
Einwanderung in die USA und Großbritannien 104
Die Bürgerrechtsbewegung in den USA 106

12 Häufige Fehlerquellen

Der bestimmte Artikel "the" 108
Eigennamen mit oder ohne "the"? 110
Typische Fehler im Umgang mit Verben 112
Adjektive und Adverbien 114
Verwechslungsgefahren 116
"For" und "since" 118
"Must", "must not" und "need not" 119
Die Satzstellung mit "there" 120
Niemals "would" im "if"-Satz 121
Überblick über die Zeiten der Vergangenheit 122
Überblick über die Zeiten der Gegenwart und Zukunft 124
Unregelmäßige Verben 126

Karteikarten

Spickzettel (innere Umschlagseiten)

Das *past perfect*

Das *past perfect* entspricht dem deutschen Plusquamperfekt. Es beschreibt Handlungen, die vor einem bestimmten Zeitpunkt in der Vergangenheit abgeschlossen waren.

Bildung

Das *past perfect* wird mit "had" + *past participle* (3. Verbform) gebildet. Die Form ist für alle Personen gleich. Bei regelmäßigen Verben hat das *past participle* die gleiche Form wie das *simple past* (Grundform + "-ed"), die unregelmäßigen Formen musst du auswendig lernen (siehe S. 126).

Ten years ago they**'d moved** to the Midwest.	*Vor zehn Jahren waren sie in den Mittleren Westen gezogen.*
Mike **had not told** his girlfriend the truth.	*Mike hatte seiner Freundin nicht die Wahrheit erzählt.*

Achtung

Die Kurzform von "had" kann leicht mit der Kurzform von "would" verwechselt werden. Beide Hilfsverben werden durch ein "'d" (z. B. I'd) abgekürzt.

Gebrauch

(1) Man benutzt das *past perfect* zum Ausdruck vorzeitiger Handlungen. Das bedeutet, das *past perfect* beschreibt Vorgänge, die bereits beendet waren, als in der Vergangenheit eine andere Handlung begann. Die neue Handlung steht in der Regel im *simple past*.
Die folgenden Signalwörter weisen auf die Verwendung des *past perfect* hin:

Signalwörter	Beispiele
after	**After** the Aboriginals **had been forced** to give up their traditional lifestyle, a lot of them became alcoholics. *Nachdem die Aboriginals gezwungen worden waren, ihren traditionellen Lebensstil aufzugeben, wurden viele von ihnen Alkoholiker.*
before	They **had lived** in harmony with nature **before** they moved to towns. *Sie hatten im Einklang mit der Natur gelebt, bevor sie in die Städte zogen.*

when	Only the ancestors **had been** the children's teachers **until** the children were wise enough. *Nur die Vorfahren waren die Lehrer der Kinder gewesen, bis diese selbst weise genug waren.*
already	The culture of the Aboriginals **had already existed** for 5,000 years when the white man destroyed it. *Die Kultur der Aboriginals hatte bereits seit 5 000 Jahren existiert, als der weiße Mann kam.*

Dauert die Handlung aus der Vorvergangenheit **noch an,** musst du das ***past perfect progressive*** (siehe S. 8) verwenden.

(2) Man gebraucht das *past perfect* auch in Redewendungen mit "if only". Mit dieser Formulierung kann man irreale Wünsche ausdrücken, d. h. man wünscht sich, dass etwas anders gekommen wäre, was man jetzt nicht mehr ändern kann.

If only Dad had come earlier!	*Wenn Papa doch nur früher gekommen wäre!* (= ist er aber nicht)

(3) Auch bei der Wiedergabe von Äußerungen in der indirekten Rede wird das *past perfect* benutzt. Es ist die häufigste Wiedergabeform von indirekten Äußerungen in der Vergangenheit. Verben im *present perfect, simple past* und *past perfect* müssen in der indirekten Rede ins *past perfect* verschoben werden (siehe S. 54).

Wissen kurz gefasst ✓

- Das *past perfect* wird mit "had" und dem *past participle* gebildet.
- Es wird vor allem zur Beschreibung von Handlungen, die sich zu einem bestimmten Zeitpunkt in der Vergangenheit bereits ereignet hatten, verwendet.
- Die neue Handlung in der Vergangenheit, die häufig im gleichen Satz gegenübergestellt wird, steht im *simple past*.

Das *past perfect progressive*

Das *past perfect progressive* hat im Deutschen keine Entsprechung. Im Englischen beschreibt es Handlungen, die in der Vorvergangenheit begonnen hatten und in der Vergangenheit noch andauerten.

Bildung

Das *past perfect progressive* wird mit "had been" + *present participle* ("-ing"-Form) gebildet. Die Form ist für alle Personen gleich.

How long **had** you **been travelling** to Australia?	*Wie lange wart ihr nach Australien unterwegs gewesen?*
Mark **had been practising** for the concert for weeks.	*Mark hatte wochenlang für das Konzert geübt.*

Gebrauch

(1) Man benutzt das *past perfect progressive* für Handlungen, die irgendwann in der Vorvergangenheit angefangen hatten und in der Vergangenheit noch andauerten. Dabei wird die Dauer der Handlung betont.
Insbesondere die folgenden Signalwörter weisen auf diese Verwendung hin:

Signalwörter	Beispiele
for	**I had been listening** to my favourite CDs **for** more than an hour when my father told me to turn down that awful music. *Ich hatte seit mehr als einer Stunde meine Lieblings-CDs gehört, als mein Vater mich aufforderte, die schreckliche Musik leiser zu machen.*
since	The African Americans **had been fighting** for the end of segregation **since** the Montgomery bus boycott. *Die Afroamerikaner hatten seit dem Busboykott in Montgomery für das Ende der Rassentrennung gekämpft.*

Achtung

Du verwendest **"for"** mit dem *past perfect progressive*, wenn ein **Zeitraum** ausgedrückt werden soll. **"Since"** bezieht sich immer auf einen **Zeitpunkt!**

Past perfect oder *past perfect progressive?*

Beide Zeiten drücken eine Vorzeitigkeit aus. Beim einfachen *past perfect* ist die Handlung zu einem bestimmten Zeitpunkt in der Vergangenheit bereits abgeschlossen, während sie im *past perfect progressive* noch andauert.

past perfect	*past perfect progressive*
They **had waited** an hour, but when we arrived, they had left. *Sie hatten eine Stunde gewartet, aber als wir kamen, waren sie gegangen.*	They **had been waiting** for an hour when we arrived. *Sie hatten schon eine Stunde gewartet, als wir kamen.*

Achtung

Folgende Verben haben keine *progressive*-Form, da sie keine bestimmte Dauer ausdrücken können. Zu diesen gehören:

- Verben des Wissens und Meinens: know, understand, think, mean, believe
- Verben der Sinneswahrnehmung: hear, see
- Verben, die Gefühle oder Wünsche ausdrücken: love, hate, like, want
- Verben, die Zustände benennen: be, have, owe, own

Wissen kurz gefasst ✓

- Das *past perfect progressive* wird mit "had been" + *present participle* gebildet.
- Es wird ähnlich wie das einfache *past perfect* gebraucht, insbesondere aber wenn die Dauer einer Handlung hervorgehoben werden soll, die in der Vergangenheit noch nicht abgeschlossenen war.
- Nicht alle Verben haben eine *progressive*-Form!

Das *simple past*

Das *simple past* entspricht im Deutschen dem Präteritum. Es wird dazu verwendet, abgeschlossene Handlungen in der Vergangenheit zu beschreiben.

Bildung

Die Formen für das *simple past* sind für alle Personen gleich. Bei den Verben, die die Vergangenheitsformen *(simple past, past participle)* regelmäßig bilden, wird an die Grundform "-ed" angehängt. Achte auf die unregelmäßigen Verben! Ihre Formen findest du auf S. 126.

We **invited** him to our barbecue last night.	*Wir luden ihn zu unserem Grillfest gestern Abend ein.*
I **found out** the truth about Mark and Sally.	*Ich fand die Wahrheit über Mark und Sally heraus.*

Gebrauch

(1) Man verwendet das *simple past* insbesondere für abgeschlossene Handlungen in der Vergangenheit. Folgende Signalwörter zeigen dir dies an:

Signalwörter	Beispiele
yesterday	**Yesterday I missed** "Forbidden Love". *Gestern verpasste ich „Verbotene Liebe".*
two/three ... weeks/years ago	**Two weeks ago I was** at the Shakira concert. *Vor zwei Wochen war ich beim Shakira-Konzert.*
last week/month/year	I **was** much better in Maths **last year.** *Letztes Jahr war ich in Mathe viel besser.*

(2) Auch bei gewohnheitsmäßigen Handlungen, die in der Vergangenheit wiederholt stattfanden, steht das *simple past*. Signalwörter wie "always", "every Sunday", "often", "never" etc., die denen im *simple present* entsprechen, helfen dir, dies zu erkennen.

Every Saturday night we **went** to the disco.	*Jeden Samstag Abend gingen wir in die Diskothek.*

(3) Das *simple past* verwendet man auch, um abgeschlossene, aufeinanderfolgende Handlungen in der Vergangenheit wiederzugeben. Signalwörter sind "suddenly", "then", "after that" etc.

Im Deutschen wird hier dagegen häufig – besonders in der Umgangssprache – das Perfekt verwendet!

Achtung

On Saturday we **watched** TV all afternoon. Then aunt Mary **visited** us.

Am Samstag haben wir den ganzen Nachmittag Fernsehen geschaut. Dann hat uns Tante Mary besucht.

Simple past, present perfect oder *past progressive?*

Sind die Handlungen noch nicht abgeschlossen, dauern also noch an oder haben Auswirkungen auf die Gegenwart, so musst du das *present perfect* benutzen.

simple past	*present perfect*
I played the guitar for ten years, but then I had no time for it anymore. *Ich spielte zehn Jahre lang Gitarre, doch dann hatte ich keine Zeit mehr dafür.*	I have played the guitar for ten years now. *Ich spiele jetzt seit zehn Jahren Gitarre.*

Möchtest du zwei Handlungen in der Vergangenheit beschreiben, von denen eine im Hintergrund weiterläuft, so verwendest du für diese Hintergrundhandlung das *past progressive*. Die neu einsetzende Handlung steht im *simple past*.

past progressive	*simple past*
While Sally was talking on the phone for hours, *Während Sally stundenlang telefonierte,*	her mother got really angry because the phone bill would be high again. *wurde ihre Mutter richtig wütend, da die Telefonrechnung wieder so hoch sein würde.*

Wissen kurz gefasst ✓

- Das *simple past* wird entweder mit der Endung "-ed" oder unregelmäßig gebildet. Lerne diese Formen auswendig.
- Signalwörter helfen dir, das *simple past* als Zeit für abgeschlossene Handlungen in der Vergangenheit zu erkennen.

Das *past progressive*

Das *past progressive* ist eine Verlaufsform der Vergangenheit. Diese Zeit hat im Deutschen keine Entsprechung. Sie wird vor allem für Handlungen verwendet, die in der Vergangenheit eine gewisse Dauer besaßen oder im Hintergrund einer neu einsetzenden Handlung weiterliefen.

Bildung

Das *past progressive* wird mit einer Vergangenheitsform von "to be", also "was" bzw. "were", + *present participle* ("-ing"-Form) gebildet.

Was Sarah **doing** her homework?	*Machte Sarah gerade ihre Hausaufgaben?*
They **were staying** at the Ayers Rock Hotel.	*Sie wohnten im Ayers Rock Hotel.*

Gebrauch

(1) Das *past progressive* verwendet man vor allem dann, wenn in der Vergangenheit zwei Handlungen nebeneinandergestellt werden. Die Verlaufsform der Vergangenheit, das *past progressive,* nimmt man für die Handlung, die bereits angefangen hatte und im Hintergrund weiterläuft. Für die neu einsetzende Handlung nimmt man das *simple past*.

past progressive (andauernde Hintergrundhandlung) — *simple past* (neu einsetzende Handlung)

While I was listening to a CD,

my mother entered the room.

Signalwörter wie "still" und "while" deuten auf das *past progressive* hin. "When" deutet auf die neu einsetzende Handlung *(simple past)* hin.

Signalwörter	Beispiele
while	While they **were rafting,** Bob fell into the water. *Während sie eine Schlauchboottour machten, fiel Bob ins Wasser.*
still	Mary **was still chatting on-line** when her brother entered the room and asked her to let him use the computer. *Mary chattete immer noch im Internet, als ihr Bruder hereinkam und sie bat, ihn den Computer benutzen zu lassen.*

(2) Auch zur Betonung einer gewissen Dauer einer Handlung in der Vergangenheit verwendet man das *past progressive:*

How many hours **were** you **researching** for your presentation? | *Wie viele Stunden hast für deine Präsentation nach Informationen gesucht?*

Achtung

Folgende Verben haben keine *progressive*-Form, da sie keine bestimmte Dauer ausdrücken können. Zu diesen gehören:

- Verben des Wissens und Meinens: know, understand, think, mean, believe
- Verben der Sinneswahrnehmung: hear, see
- Verben, die Gefühle oder Wünsche ausdrücken: love, hate, like, want
- Verben, die Zustände benennen: be, have, owe, own

Wissen kurz gefasst ✓

- Das *past progressive* wird mit der Vergangenheitsform von "to be" und dem *present participle* (Grundform des Verbs + "-ing") gebildet.
- Das *past progressive* braucht man, um in der Vergangenheit zwei Handlungen nebeneinanderstellen zu können.
- Es wird für die bereits begonnene, im Hintergrund weiterlaufende Handlung verwendet.

Das *present perfect*

Das *present perfect* entspricht nur in etwa dem deutschen Perfekt. Im Englischen beschreibt es Handlungen, die in der Vergangenheit begonnen haben und noch andauern oder Auswirkungen auf die Gegenwart haben.

Bildung

Das *present perfect* wird mit einer Form von "to have" + *past participle* (3. Verbform) gebildet. Bei regelmäßigen Verben hat das *past participle* die gleiche Form wie das *simple past* (Grundform + "-ed"), achte aber auf die unregelmäßigen Verben (siehe S. 126)!

James **has broken** his leg. Now he is in hospital.
Robert's parents **have found out** that he is quite bad at school.

James hat sich das Bein gebrochen. Jetzt liegt er im Krankenhaus.
Roberts Eltern haben herausbekommen, dass er ziemlich schlecht in der Schule ist.

Gebrauch

Man benutzt das *present perfect* für Handlungen, die irgendwann in der Vergangenheit angefangen haben und noch andauern oder deren Auswirkungen bis in die Gegenwart reichen. Die folgenden Signalwörter weisen auf diese Verwendung hin:

Signalwörter	Beispiele
(not) yet	President Bush **has not yet made up** his mind what to do about terrorists. *Präsident Bush hat sich noch nicht entschieden, was er gegen Terroristen unternehmen will.*
still (not)	Ben **has still not told** Susan that he has got another girlfriend. *Ben hat Susan immer noch nicht gesagt, dass er eine andere Freundin hat.*
until/till now	The police **haven't found** the suspect **till** now. *Die Polizei hat den Verdächtigen bis jetzt nicht gefunden.*
already	The Burtons **have already been** to Australia. *Die Burtons sind schon in Australien gewesen.*
for	Immigrants **have come** to the US **for** centuries. *Seit Jahrhunderten kommen Einwanderer in die USA.*

since	I **have known** him **since** Nora's party. *Ich kenne ihn seit Noras Party.*
never	Tim **has never seen** such a brilliant movie. *Tim hat noch nie einen solch hervorragenden Film gesehen.*

Present perfect oder *simple past?*

Das *present perfect* ist die richtige Zeit für Handlungen, die in der Vergangenheit passiert sind, wenn du den Zeitpunkt nicht kennst oder er unwichtig ist. Wird eine konkrete Zeitangabe gemacht, wird das *simple past* verwendet.

present perfect	*simple past*
African Americans **have demonstrated** for their civil rights. *Afroamerikaner demonstrierten für ihre Bürgerrechte.*	In 1963 African Americans **demonstrated** for their civil rights. *1963 demonstrierten die Afroamerikaner für ihre Bürgerrechte.*

Wenn die Handlung abgeschlossen ist, musst du ebenfalls das *simple past* verwenden.

present perfect	*simple past*
Brad **has lived** in Beverly Hills for two years. *Brad lebt seit zwei Jahren in Beverly Hills.*	Brad **lived** in Beverly Hills for two years. Now he lives in Santa Barbara. *Brad lebte zwei Jahre in Beverly Hills. Nun lebt er in Santa Barbara.*

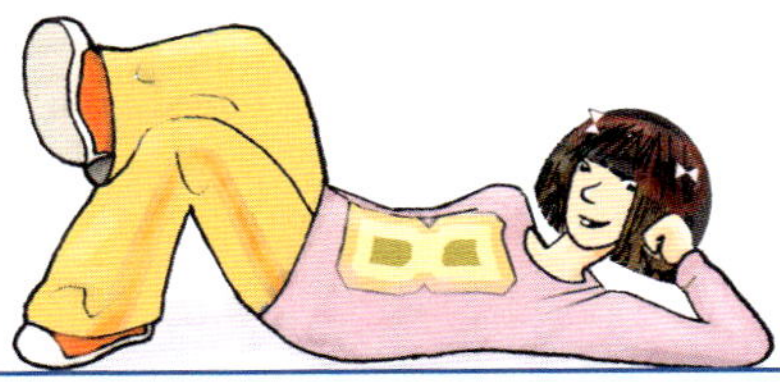

Wissen kurz gefasst ✓

- Das *present perfect* wird mit einer Form von "to have" + *past participle* gebildet.
- Es entspricht nur bedingt dem Perfekt im Deutschen: Im Englischen ist fast immer ein Bezug zur Gegenwart vorhanden.
- Es wird vor allem zur Beschreibung von Handlungen, die in der Vergangenheit begonnen haben und noch andauern, verwendet.

Das *present perfect progressive*

Das *present perfect progressive* hat im Deutschen keine Entsprechung. Im Englischen beschreibt es Handlungen, die in der Vergangenheit begonnen haben und noch andauern oder Auswirkungen auf die Gegenwart haben. Gegenüber dem einfachen *present perfect* betont das *present perfect progressive* die Dauer einer Handlung.

Bildung

Das *present perfect progressive* wird mit einer Form von "have been" + *present participle* ("-ing"-Form) gebildet.

Protestants in Northern Ireland **have been marching** through Catholic areas for decades.

Seit Jahrzehnten marschieren in Nordirland Protestanten durch katholische Gebiete.

Amnesty international **has been fighting** against the death penalty for many years now.

Amnesty international kämpft seit vielen Jahren gegen die Todesstrafe.

Gebrauch

Man benutzt das *present perfect progressive* für Handlungen, die irgendwann in der Vergangenheit angefangen haben und noch andauern oder deren Auswirkungen bis in die Gegenwart reichen. Dabei wird vor allem die Dauer der Handlung betont.

Insbesondere die folgenden Signalwörter weisen auf diese Verwendung hin:

Signalwörter	Beispiele
for	I have been looking for a pair of jeans like that **for** weeks. *Ich habe schon seit Wochen nach einer solchen Jeans gesucht.*
since	Harry has been going out with Nora **since** Kevin's party. *Harry geht schon seit Kevins Party mit Nora.*

Achtung

Du verwendest **"for"** mit dem *present perfect progressive*, wenn ein **Zeitraum** ausgedrückt werden soll. **"Since"** bezieht sich immer auf einen **Zeitpunkt!**

Da es im Deutschen keine Entsprechung für das *present perfect progressive* gibt, übersetzt man es häufig mit „schon".

John **has been playing** football in a team since his 6th birthday.	*John **spielt schon** seit seinem 6. Geburtstag Fußball im Verein.*

Present perfect oder *present perfect progressive?*

Es gibt im Alltag nur ganz minimale Bedeutungsunterschiede zwischen den beiden Zeiten.

(1) Wird ein Zustand beschrieben, wird eher das einfache *present perfect* benutzt. Soll eine Handlung hervorgehoben werden, ist das *present perfect progressive* eher anzutreffen.

(2) Bei diesen Verben steht eher die Verlaufsform *(progressive)*: live, learn, play, work, wait, watch.

Achtung

Folgende Verben haben keine *progressive*-Form, da sie keine bestimmte Dauer ausdrücken können. Zu diesen gehören:

- Verben des Wissens und Meinens: know, understand, think, mean, believe
- Verben der Sinneswahrnehmung: hear, see
- Verben, die Gefühle oder Wünsche ausdrücken: love, hate, like, want
- Verben, die Zustände benennen: be, have, owe, own

Wissen kurz gefasst ✓

- Das *present progressive* wird mit einer Form von "have been" + *present participle* gebildet.
- Es wird ähnlich wie das einfache *present perfect* gebraucht, insbesondere aber wenn die Dauer einer noch nicht abgeschlossenen Handlung hervorgehoben werden soll.
- Nicht alle Verben haben eine *progressive*-Form!

Das *simple present*

Das *simple present* entspricht im Deutschen dem Präsens. Es wird zur Beschreibung gewohnheitsheitsmäßiger Handlungen in der Gegenwart und zum Ausdruck allgemeingültiger Sachverhalte verwendet.

Bildung

Die *simple present*-Formen für fast alle Personen sehen aus wie der Infinitiv.

Young people **like** extreme sports.	*Junge Menschen mögen Extremsportarten.*
Hip teens **don't wear** blue jeans.	*Trendige Teenager tragen keine Bluejeans.*
"You **look** so beautiful," he whispered.	*„Du bist so schön", flüsterte er.*

Achtung

Bei der 3. Person Singular wird im *simple present* ein "-(e)s" angefügt.

Bob promise**s** not to do that again.	*Bob verspricht, es nicht noch einmal zu tun.*
What do**es** he say in his letter?	*Was sagt er in seinem Brief?*

Modalverben

Modale Hilfsverben wie **"can", "must"** und **"need"** bilden eine Ausnahme von dieser Regel, da sie nur eine einzige Form haben, die für alle Personen gilt. Darüber hinaus kommen diese Formen nur im *simple present* vor. In anderen Zeiten musst du eine Ersatzform nehmen.

You **can't** take him seriously.	*Du kannst ihn nicht ernst nehmen.*
Donna **must** be at home at 9.30.	*Donna muss um 9.30 Uhr zu Hause sein.*

Gebrauch

Man verwendet das *simple present* für gewohnheitsmäßige Handlungen, die regelmäßig geschehen. Folgende Signalwörter im Englischen helfen dir, das *simple present* als richtige Zeit zu erkennen:

Signalwörter	Beispiele
always, usually, normally	I **usually feel** quite miserable in the minutes before we get the results of our Maths test. *Gewöhnlich fühle ich mich ziemlich elend in den Minuten, bevor wir die Ergebnisse der Mathearbeit bekommen.*
every day/week/ month ...	Cindy **watches** "Forbidden Love" **every day.** *Cindy schaut jeden Tag „Verbotene Liebe" an.*
in the morning(s)/ evening(s) ...	**In the evening I am** too tired to do my homework. *Abends bin ich zu müde, um meine Hausaufgaben zu machen.*
often, sometimes	**Sometimes I am** jealous of Mary. *Manchmal bin ich auf Mary eifersüchtig.*
never	**Never do I win.** *Ich gewinne niemals.*

Das *simple present* steht auch bei aufeinanderfolgenden Handlungen, wie sie in Beschreibungen oder Erzählungen vorkommen. Auch hier gibt es aussagekräftige Signalwörter:

Signalwörter	Beispiele
first, then, after that, soon, at last	**First** we've got Maths, **then** there is Mr Montgomery with History. **After that** – I'm afraid – we've got today's most boring lesson: English.

Auch allgemeingültige Behauptungen und Sachverhalte lassen sich mit dem *simple present* erklären:

The earth **is** round.	*Die Erde ist rund.*
The Irish **drink** a lot of Guinness.	*Die Iren trinken viel Guinness.*

Wissen kurz gefasst ✓

- Achte bei den *simple present*-Formen auf das "-(e)s" in der 3. Person Singular.
- Signalwörter helfen dir zu entscheiden, wann das *simple present* die richtige Zeit ist.
- Das *simple present* dient zur Beschreibung regelmäßiger und aufeinanderfolgender Handlungen bzw. für die Formulierung allgemeingültiger Behauptungen und Sachverhalte.

Das *present progressive*

Das *present progressive* ist eine Verlaufsform des Präsens. Diese Zeit hat im Deutschen keine Entsprechung. Sie wird vor allem für Handlungen, die gerade im Moment passieren und zur Zeit des Sprechens noch nicht vorbei sind, verwendet.

Bildung

Das *present progressive* wird mit einer Form von "to be" + *present participle* ("-ing"-Form) gebildet.

The president **is holding** a speech about the immigration policy at the moment.	*Der Präsident hält gerade eine Rede über die Einwanderungspolitik.*
Laura and Naomi **are going** shopping.	*Laura und Naomi sind gerade beim Einkaufen.*

Da es im Deutschen keine Entsprechung für das *present progressive* gibt, übersetzt man es häufig mit „gerade" oder „in diesem Moment".

Gebrauch

(1) Du brauchst das *present progressive* für Handlungen, die gerade im Moment des Sprechens passieren. An folgenden Signalwörtern kannst du dies erkennen:

Signalwörter	Beispiele
now, at the moment	**I'm leaving now.** See you. *Ich gehe jetzt. Bis bald.*
this morning/ evening	**Are you enjoying this evening?** *Amüsiert ihr euch gut heute Abend?*

(2) Auch bei Bildbeschreibungen wird es verwendet: In Karikaturen, Zeichnungen oder Fotos ist festgehalten, was Personen gerade in dem Moment tun, so dass für die Beschreibung das *present progressive* die richtige Zeit ist:

The boy in the cartoon **is laughing.**	*Der Junge in der Karikatur lacht.*
The people in the picture **are demonstrating** for civil rights.	*Die Leute auf dem Bild demonstrieren für Bürgerrechte.*

Simple present oder *present progressive?*

Während das *simple present* gewohnheitsmäßige, regelmäßige Handlungen in der Gegenwart oder allgemeingültige Sachverhalte beschreibt, wird mit dem *present progressive* eine einmalige Handlung ausgedrückt, die gerade im Moment des Sprechens noch andauert.

simple present	*present progressive*
I play the piano once a day. *Ich spiele einmal am Tag Klavier.*	**I am playing** the piano. *Ich spiele gerade Klavier.*

"always" + *present progressive*

Eine Ausnahme bildet die Konstruktion "always" + *present progressive*. Normalerweise deutet "always" auf das *simple present* hin. Zusammen mit der *progressive*-Form wird es gebraucht, um ein Gefühl von Ärger und Unzufriedenheit auszudrücken.

I am always telling you to turn your music down!	*Andauernd sage ich dir, dass du deine Musik leiser machen sollst!*
You**'re always asking** for more pocket money.	*Dauernd fragst du nach mehr Taschengeld.*

Achtung

Folgende Verben haben keine *progressive*-Form, da sie keine bestimmte Dauer ausdrücken können. Zu diesen gehören:
- Verben des Wissens und Meinens: know, understand, think, mean, believe
- Verben der Sinneswahrnehmung: hear, see
- Verben, die Gefühle oder Wünsche ausdrücken: love, hate, like, want
- Verben, die Zustände benennen: be, have, owe, own

Wissen kurz gefasst ✓

- Im Gegensatz zum *simple present* drückt man mit dem *present progressive* einmalige Handlungen aus. Diese finden zum Zeitpunkt des Sprechens statt und dauern noch an.
- Bei Bildbeschreibungen musst du ebenfalls das *present progressive* verwenden.
- Längst nicht alle Verben haben eine *progressive*-Form.

Going to-future und *will-future*

Es gibt mehrere Möglichkeiten im Englischen, zukünftige Handlungen auszudrücken. Das *going to-future* wird für Absichten und Pläne in naher Zukunft verwendet, während das *will-future* für zukünftige, von deinem Willen unabhängige Ereignisse bzw. Vermutungen oder Erwartungen benutzt wird. Die deutsche Sprache kennt eine solche Unterscheidung nicht.

Bildung des *going to-future*

Diese Form des Futurs wird mit einer Form von "to be going to" und der Grundform des Verbs gebildet.

I **am going to spend** the next school year abroad. | *Ich habe vor, das nächste Schuljahr im Ausland zu verbringen.*
Harry **is going to ask** Linda for help. | *Harry wird Linda um Hilfe bitten.*

Gebrauch des *going to-future*

Das *going to-future* verwendet man,

(1) um zukünftige Pläne oder Absichten auszudrücken. Im Deutschen wird dies häufig durch Übersetzungen wie „ich habe vor", „er beabsichtigt", „sie wollen" etc. ausgedrückt:

Louise **is going to complain** about her English mark. | *Louise beabsichtigt, sich über ihre Englischnote zu beschweren.*
You **are not going to forgive** him, are you? | *Du hast nicht vor, ihm zu verzeihen, oder?*

(2) um Situationen oder Ereignisse zu beschreiben, die in naher Zukunft eintreten werden. Dies gilt besonders, wenn im Moment des Sprechens bereits Anzeichen dafür gegeben sind:

Look at the clouds. It**'s going** to rain soon. | *Schau dir die Wolken an! Es wird bald regnen.*

Bildung des *will-future*

Beim *will-future* gibt es nur eine Form für alle Personen. Diese setzt sich aus "will" und der Grundform des Vollverbs zusammen. Für die 1. Person (I/we) kannst du bei Fragen oder höflichen Angeboten auch "shall" verwenden.

It **will be** difficult to persuade him.	*Es wird schwierig werden, ihn zu überreden.*
Shall I **bring** some crisps?	*Soll ich Chips mitbringen?*

Gebrauch des *will-future*

Man verwendet das *will-future*,

(1) um etwas über zukünftige Ereignisse zu sagen, die nicht von deinen Plänen, Absichten oder Entscheidungen abhängen.

The next Football World Cup **will take place** in South Africa.	*Die nächste Fußballweltmeisterschaft wird in Südafrika stattfinden.*
The next presidential election in the USA **will be** in 2008.	*Die nächste Präsidentschaftswahl in den USA wird im Jahre 2008 sein.*

(2) um Vermutungen über die Zukunft zu äußern oder Erwartungen zu formulieren. Folgende einleitende Verben kommen als Signalwörter häufig vor:

Signalwörter	Beispiele
hope, believe, imagine	I **hope** that in future African Americans **will not be judged** by the colour of their skin. *Ich hoffe, dass in Zukunft Afroamerikaner nicht mehr auf der Grundlage ihrer Hautfarbe beurteilt werden.*
expect, to be sure, possibly, probably	**Probably** he **will end** up as a politician. *Wahrscheinlich wird er als Politiker enden.*

Wissen kurz gefasst ✓

- Du bildest das *going to-future* mit einer Form von "to be going to" und dem Infinitiv des Verbs. Da es vor allem Absichten und Pläne ausdrückt, wird es im Deutschen häufig mit Verben wie „vorhaben", „beabsichtigen", „möchten" wiedergegeben.
- Das *will-future* setzt sich aus "will" und dem Infinitiv zusammen und wird für Erwartungen, Hoffnungen oder Vermutungen bzw. Ereignisse, auf die du keinen direkten Einfluss hast, verwendet.

Future progressive und *present progressive* mit zukünftiger Bedeutung

Neben dem *will-future* und dem *going to-future* gibt es noch zwei weniger gebräuchliche Zeiten, um zukünftige Handlungen zu beschreiben. Dabei besteht Verwechslungsgefahr, da sowohl das *going to-future* als auch das *future progressive* und *present progressive* mit einer "-ing"-Form gebildet werden.

Bildung des *future progressive*

Das *future progressive* wird mit "will be" + *present participle* ("-ing"-Form) gebildet. Es gibt nur eine Form für alle Personen.

Bryan **will be spending** the next school year in Sydney.	*Bryan wird das nächste Schuljahr in Sydney verbringen.*
Thank God! This time next week we **will be lying** on the beach.	*Gott sei Dank! Nächste Woche um diese Zeit werden wir (schon) am Strand liegen.*

Gebrauch des *future progressive*

Man verwendet das *future progressive*, um länger andauernde zukünftige Ereignisse oder Handlungen zu beschreiben.

Aboriginals **will never be living** the lifestyle of white Australians.	*Aboriginals werden niemals den Lebensstil der weißen Australier haben.*
I **will be working** on my presentation all day long.	*Ich werde den ganzen Tag an meiner Präsentation arbeiten.*

Future progressive oder *will-future?*

Das *future progressive* kommt besonders häufig bei "lie", "listen", "sit", "stay", "watch", "wait", "work" etc. vor, die eine bestimmte Dauer ausdrücken. Bei Verben wie "ask", "see", "start", "stop", die von kurzer Dauer sind, nimmst du das *will-future*. Beachte bei Verben, die beide Zeiten zulassen, den Bedeutungsunterschied. Das *future progressive* betont die Dauer der Handlung!

future progressive	*will-future*
We'll **be staying** in New York for a week. *Wir werden eine (ganze) Woche in New York bleiben.*	We'll **stay** in New York. It's a promise. *Wir bleiben in New York. Versprochen!*

Bildung des *present progressive* mit zukünftiger Bedeutung

Das *present progressive* wird mit einer Form von "to be" + *present participle* ("-ing"-Form) gebildet.

The Greenpeace activists **are demonstrating** against waste dumping in the North Sea tomorrow.	*Die Greenpeace-Aktivisten wollen morgen gegen die Müllentsorgung in der Nordsee demonstrieren.*

Gebrauch des *present progressive* mit zukünftiger Bedeutung

Wie das *going to-future* verwendest du das *present progressive* in zukünftiger Bedeutung, um Pläne oder Absichten auszudrücken. Das *present progressive* muss aber eine eindeutige Zeitangabe bei sich haben, um in die Zukunft zu weisen, da es sonst auf die Gegenwart bezogen verstanden wird.

We **are watching** "Dinner for One" on New Year's Eve.	*Wir haben vor, am Silvesterabend „Dinner for One" zu schauen.*

Achtung

Going to-future und *present progressive* sehen ähnlich aus. Dies gilt insbesondere, wenn das Vollverb "to go" ist.

going to-future	***present progressive***
They **are going to** go to the cinema. *Sie haben vor, ins Kino zu gehen.*	They **are going** to the cinema this evening. *Sie wollen heute Abend ins Kino gehen.*

Für das *future progressive* wie auch für das *present progressive* ist zu beachten, dass längst nicht alle Verben *progressive*-Formen zulassen (siehe S. 21)!

Wissen kurz gefasst ✓

- *Future progressive* und *present progressive* werden mit einer "-ing"-Form gebildet.
- Das *future progressive* wird verwendet, um die Dauer einer zukünftigen Handlung zu betonen.
- Das *present progressive* drückt wie das *going to-future* Pläne und Absichten aus. Es muss mit einer Zeitangabe versehen sein, um in die Zukunft zu weisen.

Future perfect und *future perfect progressive*

Future perfect und *future perfect progressive* werden verwendet für Handlungen, die in der Zukunft abgeschlossen sein werden.

Bildung des *future perfect*

Es gibt nur eine Form für alle Personen. Du bildest das *future perfect* mit "will have" + *past participle* (3. Verbform). Achte auf die Formen der unregelmäßigen Verben (siehe S. 126)!

John **will have gone** home by 7 o'clock.	*John wird bis um 7 Uhr (bereits) nach Hause gegangen sein.*
Will you **have finished** the essay by Friday?	*Wirst du den Aufsatz bis Freitag fertig haben?*

Gebrauch des *future perfect*

Man verwendet das *future perfect*, um auszudrücken, dass eine Handlung zu einem bestimmten Zeitpunkt in der Zukunft abgeschlossen sein wird. Folgende Signalwörter deuten auf diese Verwendung hin:

Signalwörter	Beispiele
by tomorrow/ Tuesday/next week/ the end of the year	"I **will have corrected** your class test **by** Tuesday next week," the English teacher said. *„Ich werde eure Klassenarbeit bis Dienstag nächster Woche korrigiert haben", sagte der Englischlehrer.*
before next winter/ May/year	I am sure Mark and Jenny **will have split up before** May. They argue all the time. *Ich bin sicher, dass sich Mark und Jenny (noch) vor Mai getrennt haben werden (= trennen). Sie streiten sich andauernd.*
until Christmas/ 10 o'clock	You **won't have done** your homework **until** 10 p.m. if you are always looking out of the window. *Du wirst deine Hausaufgaben bis 10 Uhr nicht erledigt haben, wenn du dauernd aus dem Fenster schaust.*

Bildung des *future perfect progressive*

Das *future perfect progressive* wird gebildet aus "will have been" + *present participle* ("-ing"-Form). Die Form ist für alle Personen gleich.

In June our Pakistani neighbours **will have been living** here for exactly a decade.	*Im Juni sind es genau zehn Jahre, dass unsere pakistanischen Nachbarn hier wohnen.*
At Christmas Mike and Sheila **will have been going** out with each other for almost half a year.	*An Weihnachten werden Mike und Sheila fast ein halbes Jahr zusammen sein.*

Gebrauch des *future perfect progressive*

Du brauchst das *future perfect progressive,* um auszudrücken, wie lange eine Handlung zu einem bestimmten Zeitpunkt in der Zukunft angedauert hat.

How many years **will** you **have been learning** French when you leave school?	*Wie viele Jahre wirst du Französisch gelernt haben, wenn du die Schule verlässt?*
In 2010 dad **will have been working** for Microsoft for seven years.	*Im Jahre 2010 wird Papa sieben Jahre lang für Microsoft gearbeitet haben.*

Future perfect oder *future perfect progressive*?

Während das einfache ***future perfect*** einen bestimmten **Zustand** in der Zukunft betrachtet, an dem eine Handlung abgeschlossen sein wird bzw. worden ist, betont das ***future perfect progressive*** die **Dauer** der abgeschlossenen Handlung.

future perfect	*future perfect progressive*
Next July Mr Jones **will have taught** with the new English book for the first time. *Im nächsten Juli wird Mr Jones zum ersten Mal mit dem neuen Englischbuch unterrichtet haben.*	Next July Mr Jones **will have been teaching** English for 35 years. *Im nächsten Juli wird Mr Jones 35 Jahre lang Englisch unterrichtet haben.*

Wissen kurz gefasst ✓

- Das *future perfect* (will have + *past participle*) drückt Handlungen aus, die in der Zukunft abgeschlossen sein werden.
- Das *future perfect progressive* (will have been + *present participle*) betont die Dauer der in der Zukunft abgeschlossenen Handlung.

Das *conditional*

Das *conditional* hat im Deutschen keine Entsprechung. Diese englische Zeitform ist vielleicht noch am ehesten mit dem Konjunktiv zu vergleichen.

Bildung

Beim *conditional* gibt es nur eine Form für alle Personen. Diese setzt sich aus "would" und der Grundform des Vollverbs zusammen. Statt "would" können aber auch "could", "should" oder "might" verwendet werden.

The illegal immigrants **would take** any job.	*Die illegalen Einwanderer würden jeden Job übernehmen.*
He **might take** it for granted.	*Er könnte es als selbstverständlich ansehen.*
The O'Sullivans **would buy** our house.	*Die O'Sullivans würden unser Haus kaufen.*

Achtung

Die Kurzform von "would" kann leicht mit der Kurzform von "had" verwechselt werden. Beide Hilfsverben werden durch ein "'d" (z. B. I'd) abgekürzt.

Gebrauch

(1) Man verwendet das *conditional*, um Wünsche oder Empfehlungen auszudrücken:

I **would learn** the vocabulary for tomorrow. Probably there will be a test.	*Ich würde die Vokabeln für morgen lernen. Wahrscheinlich gibt es einen Test.*
I **wouldn't tell** him yet.	*Ich würde es ihm noch nicht erzählen.*

Im Deutschen wird "would" in der Regel mit „würde" übersetzt. Stilistisch besser ist es, wenn du "would" im Konjunktiv II wiedergibst.

If I were you, I **would write** a St Valentine's card to Cindy.	*Wenn ich du wäre, **schriebe** ich* (statt *würde ich schreiben) eine Valentinskarte an Cindy.*

(2) Man verwendet es auch in der indirekten Rede: Steht die direkte Rede im *will-future*, so muss diese bei der Verschiebung der Zeiten ins *conditional* übertragen werden:

direkte Rede *(will-future)*	indirekte Rede *(conditional)*
Bob's father to Jim: "**I will drive** you to school tomorrow." *Bobs Vater: „Ich werde dich morgen zur Schule fahren."*	Bob's father said he **would drive** Jim to school the next day. *Bobs Vater sagte, er führe (würde fahren) Jim morgen zur Schule.*

(3) Das *conditional* wird auch in Bedingungssätzen (*if-clause* Typ II) verwendet. Steht der "if"-Satz im *simple past*, muss im Hauptsatz das *conditional* verwendet werden. Die Bedingungen in diesen Sätzen sind erfüllbar, doch eher unwahrscheinlich.

If Harry's parents knew how bad he is at school, they **wouldn't allow** him to play computer games all the time.
Would you **know** my name if I saw you in heaven?

Wenn Harrys Eltern wüssten, wie schlecht er in der Schule ist, würden sie ihm nicht erlauben, die ganze Zeit Computerspiele zu spielen.
Wüsstest du noch meinen Namen, wenn wir uns im Himmel wiedersähen?

Wissen kurz gefasst ✓

- Das *conditional* wird mit "would" und dem Infinitiv des Verbs gebildet.
- Du brauchst das *conditional* bei Empfehlungen, in bestimmten Bedingungssätzen (Typ II) und bei der Wiedergabe der indirekten Rede.
- Im Deutschen wird es in der Regel mit dem Konjunktiv II ausgedrückt.

Das *conditional perfect*

Das *conditional perfect* drückt aus, was gewesen sein könnte. Diese Zeit hat im Deutschen keine Entsprechung und wird wie das einfache *conditional* mit dem Konjunktiv wiedergeben.

Bildung

Beim *conditional perfect* gibt es nur eine Form für alle Personen. Diese setzt sich aus "would have" + *past participle* (3. Verbform) zusammen. Statt "would" können auch "could", "should" oder "might" verwendet werden.

You **could have called** me!	*Du hättest mich anrufen können!*
Jason **would have bought** the new Robbie Williams CD, but he didn't have enough money.	*Jason hätte die neue Robbie-Williams-CD gekauft, aber er hatte nicht genügend Geld.*

Achtung

Die Kurzform von "would" kann leicht mit der Kurzform von "had" verwechselt werden. Beide Hilfsverben werden durch ein "'d" abgekürzt.

Gebrauch

(1) Man verwendet das *conditional perfect*, um auszudrücken, was gewesen sein könnte. Im Deutschen wird "would have" in der Regel mit „hätte" übersetzt.

Mike **would have sent** John the file, but he had problems with uploading it.	*Mike hätte John die Datei geschickt, aber er hatte Schwierigkeiten, sie hochzuladen.*
Sarah **might have invited** Kim to her party, too, but she is jealous of her.	*Sarah hätte Kim auch zu ihrer Party einladen können, aber sie ist eifersüchtig auf sie.*

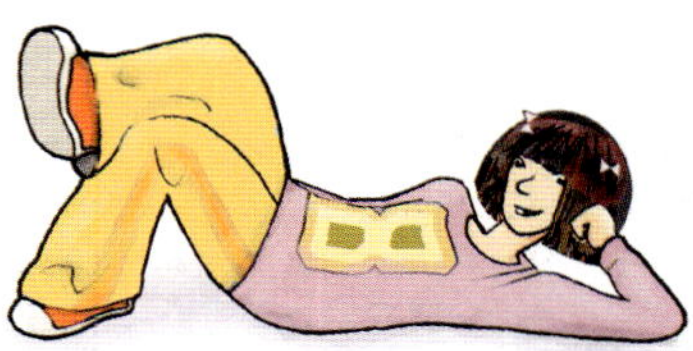

(2) Bei der Wiedergabe von *future perfect* in der indirekten Rede steht es ebenfalls:

direkte Rede *(future perfect)*	**indirekte Rede *(conditional perfect)***
Dave asked: "Will we have eaten by 8 o'clock?" *Dave fragte: „Werden wir bis 8 Uhr mit dem Essen fertig sein?"*	Dave wanted to know whether they **would have eaten** by 8 o'clock. *Dave wollte wissen, ob sie bis 8 Uhr mit dem Essen fertig wären.*

(3) Auch in Bedingungssätzen (*if-clause* Typ III) wird es gebraucht: Steht der "if"-Satz im *past perfect*, muss im Hauptsatz das *conditional perfect* verwendet werden. Die Bedingungen in diesen Sätzen sind nicht mehr erfüllbar, so dass der Hauptsatz lediglich ein Wunschdenken ausdrückt.

I **would have told** Susan that I loved her if I had found the right words in that moment.
Mike **would** never **have believed** that his girlfriend cheated on him if he hadn't seen her with Dave.

Ich hätte Susan gesagt, dass ich sie liebe, wenn ich in dem Moment die richtigen Worte gefunden hätte.
Mike hätte niemals geglaubt, dass seine Freundin ihn betrügen würde, wenn er sie nicht mit Dave gesehen hätte.

Wissen kurz gefasst ✓

- Das *conditional perfect* wird mit "would have" + *past participle* gebildet.
- Du brauchst das *conditional perfect* in bestimmten Bedingungssätzen (Typ III), in der indirekten Rede und um auszudrücken, was gewesen sein könnte.
- Im Deutschen wird die Zeit in der Regel als Konjunktiv mit „hätte" wiedergegeben.

Die Zeiten im Passiv

Passivsätze stellen eine Handlung aus einer anderen Sicht dar. Während in Aktivsätzen betont wird, wer etwas macht, steht bei Passivsätzen die Handlung im Mittelpunkt. Du benutzt Passivsätze, wenn du betonen möchtest, was passiert ist oder wenn es unwichtig ist bzw. du nicht genau weißt, wer etwas getan hat.

Passivzeiten werden mit einer Form von "to be" und dem *past participle* (3. Verbform) gebildet. Die Form von "to be" zeigt dabei die Zeit an. Passivformen können nur mit transitiven Verben (= Verben, die ein Akkusativobjekt haben) gebildet werden.

Übersicht über die Zeiten im Passiv

past perfect	
Aktiv	**Passiv (had been + *past participle*)**
They had arrested Rosa Parks for not giving her seat in a bus to a white person.	Rosa Parks **had been arrested** for not giving her seat in a bus to a white person.
simple past	
Aktiv	**Passiv (was/were + *past participle*)**
The Civil Rights Movement supported her.	She **was supported** by the Civil Rights Movement.
present perfect	
Aktiv	**Passiv (has/have been + *past participle*)**
The Montgomery bus boycott has changed America.	America **has been changed** by the Montgomery bus boycott.
simple present	
Aktiv	**Passiv (is/are + *past participle*)**
However, even today people still discriminate against African Americans.	However, even today African Americans **are** still **discriminated against.**
will-future	
Aktiv	**Passiv (will be + *past participle*)**
It will need another 50 years to overcome this situation.	Another 50 years **will be needed** to overcome this situation.

going to-future	
Aktiv	**Passiv (is/are going to be + *past participle*)**
The government is going to give African Americans a better education.	African Americans **are going to be given** a better education.
future perfect	
Aktiv	**Passiv (will have been + *past participle*)**
Someday coloured people will have achieved equality.	Someday equality **will have been achieved** by coloured people.
conditional	
Aktiv	**Passiv (would be + *past participle*)**
Martin Luther King had a dream that they would stop racism.	Martin Luther King had a dream that racism **would be stopped**.
conditional perfect	
Aktiv	**Passiv (would have been + *past participle*)**
In the end he would have pushed America in the right direction.	In the end America **would have been pushed** in the right direction.

Verlaufsformen im Passiv

Auch Zeiten in der Verlaufsform können im Passiv stehen. Allerdings werden nur Formen im *present progressive* und im *past progressive* verwendet. Die Verlaufsformen im Passiv werden mit einer Form von "to be" + "being" + *past participle* gebildet. Die Form von "to be" zeigt die jeweilige Zeit an.

present progressive	
Aktiv	**Passiv (is/are + being + *past participle*)**
They are interviewing the president now.	The president **is being interviewed** now.
past progressive	
Aktiv	**Passiv (was/were + being + *past participle*)**
They were filming the non-violent demonstrations.	The non-violent demonstrations **were being filmed.**

Wissen kurz gefasst ✓

- Passivsätze werden verwendet, wenn du die Handlung betonen möchtest.
- Sie werden mit einer Form von "to be" und dem *past participle* gebildet.
- *Progressive*-Formen gibt es nur im *present progressive* und *past progressive*. Das Passiv in der Verlaufsform wird durch "being" angezeigt.

Der *by-agent*

Selbst wenn in Passivsätzen vor allem die Handlung betont wird, kann es Fälle geben, in denen du ausdrücken möchtest, wer etwas getan hat. Hierbei hilft dir der *by-agent*.

Bildung

Gegenüber einem Aktivsatz sind im Passiv Subjekt und Objekt vertauscht. Das Objekt des Aktivsatzes wird zum Subjekt. Das Subjekt des Aktivsatzes wird zum *by-agent*. Es steht am Ende des Satzes.

Aktivsatz	**Subjekt**		**Objekt**
	James Cameron	directed	the movie "Titanic".
	The movie "Titanic"	was directed	by James Cameron.
Passivsatz	**Subjekt**		***by-agent***

Achtung

Im Deutschen kann der Verursacher einer Handlung durch verschiedene Präpositionen ausgedrückt werden (z. B. von, durch, mithilfe). Im englischen Passivsatz muss der Handelnde durch "by" gekennzeichnet werden.

"Jack" was played by Leonardo diCaprio. | *„Jack" wurde von Leonardo diCaprio gespielt.*

The unsinkable ship was damaged by an iceberg. | *Das unsinkbare Schiff wurde durch einen Eisberg beschädigt.*

By-agents sind nur bei namentlich genannten „Verursachern" unbedingt notwendig. Nicht namentliche Ausdrücke wie "someone", "people" oder Pronomen sind als *by-agents* unüblich, da sie für die Satzaussage keine Rolle spielen:

Aktiv	Passiv
Someone closed the door.	The door was closed.

Das Passiv bei Verben mit zwei Objekten

Bei Verben mit zwei Objekten gibt es zwei Möglichkeiten, einen Passivsatz zu bilden. Du kannst sowohl das indirekte als auch das direkte Objekt zum Subjekt des Passivsatzes machen.

Indirektes Objekt als Subjekt des Passivsatzes

	Subjekt	Prädikat	indirektes Objekt	direktes Objekt
Aktivsatz	Nigel	lends	Brian	a CD.
Passivsatz	Brian	is lent		a CD.

Direktes Objekt als Subjekt des Passivsatzes

Soll das direkte Objekt zum Subjekt werden, so muss das indirekte Objekt mit "to" eingeleitet werden.

	Subjekt	Prädikat	indirektes Objekt	direktes Objekt
Aktivsatz	Nigel	lends	Brian	a CD.
Passivsatz	A CD	is lent	to Brian.	

Achtung

Es gibt eine Reihe von Verben, die das indirekte Objekt immer mit "to" anschließen. Deshalb kann bei diesen **nur das direkte Objekt** zum **Subjekt des Passivsatzes** werden. Zu diesen Verben gehören: announce, deliver, demonstrate, describe, distribute, explain, introduce, propose, suggest, say.

Aktiv	Passiv
The Australian government suggested **stricter rules on immigration** to the members of parliament.	**Stricter rules on immigration** were suggested to the members of parliament. *Es wurden den Mitgliedern des Parlaments schärfere Einwanderungsbestimmungen vorgeschlagen.*

Wissen kurz gefasst ✓

- Der *by-agent* kann in Passivsätzen den Verursacher einer Handlung benennen. Er steht stets am Ende des Satzes.
- Bei Verben mit zwei Objekten kann sowohl das indirekte als auch das direkte Objekt zum Subjekt des Passivsatzes werden.

Besondere Passivkonstruktionen

Erhöhte Vorsicht ist bei nicht ganz alltäglichen Passivkonstruktionen geboten, da diese eigenen Regeln gehorchen. Dazu gehören Passivsätze bei Verben mit Präpositionen, das Passiv nach Modalverben und unpersönliche Passivkonstruktionen.

Passiv bei Verben mit Präposition

Bei Verben, die eine Präpositionen nach sich ziehen, steht die Präposition im Passiv **immer** unmittelbar hinter dem Verb.

Aktiv	Passiv
Jody **turned** the radio **on**. *Jody schaltete das Radio an.*	The radio **was turned on** by Jody. *Das Radio wurde von Jody angeschaltet.*
Years ago people just **threw** cans **away.** *Vor Jahren warfen die Leute Dosen einfach weg.*	Years ago cans **were** just **thrown away.** *Vor Jahren wurden Dosen einfach weggeworfen.*

Das gilt auch für feste Verbindungen von Verb + Präposition:

Aktiv	Passiv
We **took care of** the cat. *Wir kümmerten uns um die Katze.*	The cat **was taken care of.** *Man kümmert sich um die Katze.*
People always **make fun of** my German accent. *Die Leute machen sich immer über meinen deutschen Akzent lustig.*	My German accent is always **made fun of.** *Man macht sich immer über meinen deutschen Akzent lustig.*

Das Passiv nach Modalverben

Nach Modalverben wird das Passiv mit **"be" + *past participle*** gebildet. "Be" erscheint als Infinitiv ohne "to".

Some people think the attack on the Twin Towers in New York **could not be prevented.**
"The press **mustn't be told** what we are planning to do," said the president.

Manche glauben, dass der Anschlag auf die Twin Towers in New York nicht verhindert werden konnte.
„Der Presse darf nicht mitgeteilt werden, was wir vorhaben", sagte der Präsident.

Das unpersönliche und das persönliche Passiv

Unpersönliche Passivkonstruktionen, in denen "it" als Ersatzsubjekt verwendet wird, klingen oft holprig und können verkürzt und damit eleganter formuliert werden, wenn man stattdessen das persönliche Passiv verwendet: Das Subjekt des "that"-Satzes rückt an den Satzanfang, aus der finiten Verbform wird ein Infinitiv.

unpersönliches Passiv	**It is said that** David Beckham **is** one of the best football players in the world. ***Man sagt, dass*** *David Beckham einer der besten Fußballspieler der Welt* ***ist****.*
persönliches Passiv	David Beckham **is said to be** one of the best football players in the world. *David Beckham* ***soll*** *einer der besten Fußballspieler der Welt* ***sein****.*

Achtung

Diese Konstruktion ist nicht bei allen Verben möglich! Es sind vor allem die Verben des Denkens, Fühlens, Wissens und Vermutens, für die die obige Alternative gilt. Zu diesen gehören: assume, believe, claim, consider, feel, find, know, report, say, suppose, tell, think, understand.

Aktiv/persönliches Passiv	unpersönliches Passiv
Some people considered his political point of view dangerous.	His political point of view **was considered to be** dangerous. *Man erachtete seinen politischen Standpunkt als gefährlich.*
It is known that he gets upset easily.	He **is known to get** upset easily. *Er ist bekannt dafür, sich leicht aufzuregen.*
It was believed that his plan was impossible to carry out.	His plan **was believed to be** impossible to carry out. *Man glaubte, dass sein Plan unmöglich durchführbar sei.*

Wissen kurz gefasst ✓

- Verben mit festverbundenen Präpositionen bleiben im Passiv zusammen.
- Nach Modalverben steht der Passiv Infinitiv (be + *past participle*) ohne "to".
- In unpersönlichen Passivkonstruktionen ist es besser, das Subjekt des untergeordneten Satzes nach vorn zu ziehen und das finite Verb durch einen Infinitiv zu ersetzen.

Der Infinitiv mit "to"

In bestimmten Konstruktionen ist es möglich, einen Infinitiv mit "to" anstelle von Fragewörtern, Relativsätzen und weiteren Konstruktionen zu verwenden.

Infinitiv nach Fragewörtern

Nach Fragewörtern wie "when", "where", "what" und "how" steht im modernen Englisch nicht unbedingt ein ausformulierter Nebensatz, sondern der Infinitiv mit "to".

Nebensatz	Fragewort + Infinitiv mit "to"
Cindy asked her mother **what she should wear** for the prom.	Cindy asked her mother **what to wear** for the prom. *Cindy fragte ihre Mutter, was sie für den Ball anziehen sollte.*
The tourist guide told them **where they could find** Ayers Rock.	The tourist guide told them **where to find** Ayers Rock. *Der Touristenführer sagte ihnen, wo sie den Ayers Rock finden könnten.*
The teacher told him **how he could** improve his English.	The teacher told him **how to improve** his English. *Der Lehrer erklärte ihm, wie er sein Englisch verbessern könnte.*

In diesen Konstruktionen steht der Infinitiv häufig anstelle eines Satzes mit einem Modalverb (can, should etc.), so dass der Infinitiv vielfach mit „können" oder „sollen" übersetzt wird.

Infinitiv anstelle eines Relativsatzes mit modalem Hilfsverb

Nach einem Substantiv, das als Bezugswort für einen Relativsatz verwendet wird, entfällt das Relativpronomen mit modalem Hilfsverb und wird durch einen Infinitiv mit "to" ersetzt.

Relativsatz	Substantiv + Infinitiv mit "to"
This is the **road which will take** you right to California.	This is the **road to take** you right to California.
The **bike that must be repaired** is in the cellar.	The **bike to be repaired** is in the cellar.

Infinitiv bei Superlativen und Ordnungszahlen

Ähnlich verhält es sich bei Konstruktionen mit Superlativen oder Ordnungszahlen (z. B. the first, the last, the best), auf die ein Relativsatz folgen könnte. Auch hier wird häufig ein Infinitiv gebraucht.

Relativsatz	Superlativ + Infinitiv mit "to"
Reinhold Messner was **the first who climbed** Mount Everest without an oxygen mask.	Reinhold Messner was **the first to climb** Mount Everest without an oxygen mask.
Dad is usually **the last who knows** what is going on in our family.	Dad is usually **the last to know** what is going on in our family.

Infinitiv nach "want/would like"

Die Verbindung "want/would like" + Objekt + Infinitiv mit "to" drückt aus, dass das Subjekt des Satzes einen Wunsch hat:

Mr Clark **wants his daughter Ann to marry** a rich man.
Ann **would like her father to stop** telling her this all the time.

Mr Clark will, dass seine Tochter einen reichen Mann heiratet.
Ann fände es gut, wenn ihr Vater aufhörte, ihr das die ganze Zeit zu sagen.

Wissen kurz gefasst ✓

- Der Infinitiv mit "to" kann Fragewörter und Relativsätze mit modalem Hilfsverb ersetzen.
- Bei Konstruktionen mit Superlativen oder Ordnungszahlen wirkt er satzverkürzend.
- In bestimmten Fällen kann der Infinitiv mit "to" nach "want/would like" stehen.

Der Infinitiv ohne "to"

Die meisten Infinitive werden mit "to" eingeleitet. Nach "let" und "make", Modalverben bzw. Verben der Wahrnehmung wird jedoch der Infinitiv ohne "to" verwendet. Er ist als Infinitiv nur daran zu erkennen, dass seine Form unveränderbar ist.

"Let" und "make"

Das deutsche Wort „lassen" hat zwei unterschiedliche Bedeutungen. Es kann sowohl „zulassen" als auch „veranlassen" ausdrücken. Im Englischen wird dies durch zwei Worte gelöst. Beide stehen mit einem Infinitiv ohne "to".

"Let" bedeutet „etwas zulassen" bzw. „jemandem erlauben, etwas zu tun".

"let"	**direktes Objekt**	**Infinitiv ohne "to"**
The terrorists let *Die Terroristen ließen*	the hostage *die Geisel*	go. *gehen.*
Sarah's parents let *Sarahs Eltern erlauben*	her daughter *ihrer Tochter,*	stay overnight at Tracy's. *bei Tracy zu übernachten.*

"Make" bedeutet „veranlassen" bzw. „jemanden dazu bringen/zwingen, etwas zu tun".

"make"	**direktes Objekt**	**Infinitiv ohne "to"**
Martin Luther King made *Martin Luther King brachte*	the public *die Öffentlichkeit*	think about racial segregation. *dazu, über die Rassentrennung nachzudenken.*
The police made *Die Polizei zwang*	the driver *den Fahrer,*	stop the car. *das Auto anzuhalten.*

Infinitiv nach Modalverben

Nach den Modalverben (z. B. can, must, should, will, would) steht der Infinitiv ohne "to".

I **cannot trust** him anymore.	*Ich kann ihm nicht mehr vertrauen.*
You **mustn't talk** to me like that!	*So kannst du mit mir nicht reden!*
Would you **send** illegal immigrants back?	*Würdest du illegale Einwanderer zurückschicken?*

Infinitiv nach Verben der Wahrnehmung

Im Gegensatz zu vielen anderen Verben steht nach Verben der Wahrnehmung (z. B. to feel, to hear, to notice, to see, to watch) die Konstruktion Objekt + Infinitiv ohne "to".

Harry **watches Naomi copy** the German homework.	*Harry sieht, wie Naomi die Deutsch-Hausaufgaben abschreibt.*
Becky **notices her classmates laugh** about her mistake.	*Becky merkt, dass ihre Klassenkameraden über ihren Fehler lachen.*
Last night I **heard my parents come** home very late.	*Gestern Nacht hörte ich meine Eltern sehr spät nach Hause kommen.*

Wissen kurz gefasst ✓

- "Let" + direktes Objekt + Infinitiv ohne "to" bedeutet „zulassen" bzw. „erlauben".
  "Make" + direktes Objekt + Infinitiv ohne "to" bedeutet „jemanden veranlassen bzw. dazu bewegen, etwas zu tun".
- Auch nach Modalverben und Verben der Wahrnehmung steht der Infinitiv ohne "to".

Das *gerund* als Subjekt und Objekt

Das *gerund* (Gerundium) ist ein substantiviertes Verb. Das heißt, es ist eine Verbform, die Eigenschaften eines Substantivs aufweist. So kann das *gerund* sowohl als Subjekt als auch als Objekt eines Satzes verwendet werden.

Bildung

Du bildest die Aktivform des *gerund* mit dem Infinitiv + "-ing". Die Passivform setzt sich aus "being" + *past participle* zusammen.

Aktiv	I am fond of **making** music. *Ich liebe es, Musik zu machen.*
Passiv	He could not stand **being laughed at** any longer. *Er konnte es nicht mehr ertragen, ausgelacht zu werden.*

Gerund als Subjekt

Das *gerund* kann einerseits als Subjekt eines Satzes alleine stehen. Andererseits kann es aber auch eine Ergänzung haben (z. B. ein Objekt oder eine adverbiale Bestimmung):

Abseiling is one of the most popular extreme sports. — *Canyoning ist eine der beliebtesten Extremsportarten.*

Learning languages is quite difficult. — *Sprachen zu lernen ist ganz schön schwierig.*

Going to school in a foreign country can be very interesting. — *Im Ausland zur Schule zu gehen kann sehr interessant sein.*

Gerund als Objekt

Ähnliches gilt, wenn das *gerund* als Objekt verwendet wird:

I hate **being treated** like that. — *Ich kann es nicht ausstehen, wenn man mich so behandelt.*

I'm in danger of **having a nervous breakdown.** — *Bei mir besteht die Gefahr eines Nervenzusammenbruchs.*

Girls like **talking to a friend** on the phone for hours. — *Mädchen telefonieren gern stundenlang mit einer Freundin.*

Das *gerund* nach bestimmten Verben

Gerunds stehen nach Verben der Vorliebe oder Abneigung bzw. einer Reihe weiterer Verben, die du einzeln lernen musst.

Verben der **Vorliebe oder Abneigung:**

to enjoy to like to love	to dislike to hate can't stand

Bryan's father **hates doing** the washing-up.	*Bryans Vater hasst es, den Abwasch zu machen.*
I **enjoy going** to the drama group at our school.	*Ich gehe sehr gern in die Theater-AG an der Schule.*
Sue and Jody **like flirting** with boys.	*Sue und Jody flirten gern mit Jungen.*

Ferner steht nach folgenden Verben in vielen Fällen ein *gerund:*

to admit to avoid to consider to deny to finish	to imagine to keep to mind to need	to miss to practice to resist to suggest

Keep going!	*Mach weiter!*
The suspect **admitted having broken** into the house.	*Der Verdächtige gab zu, in das Haus eingebrochen zu haben.*
Imagine acting in a Hollywood film!	*Stell dir vor, du würdest in einem Hollywoodfilm mitspielen!*

Wissen kurz gefasst ✓

- Das *gerund* hat die Form eines Verbs (Infinitiv + "-ing"), wird jedoch wie ein Substantiv verwendet. Es kann Subjekt oder Objekt eines Satzes sein.
- Das *gerund* steht nach bestimmten Verben der Vorliebe bzw. Abneigung und weiteren Verben, die du auswendig lernen musst.
- Verwechsle es nicht mit dem gleich aussehenden *present participle!*

Das *gerund* nach Präpositionen

Auf Substantive, Verben und Adjektive mit bestimmten Präpositionen folgt häufig das *gerund*. Die einzelnen Präposition, die zu den Begriffen gehören, musst du auswendig lernen.

Substantiv + Präposition + *gerund*

Nach bestimmten Substantiven + Präposition steht das *gerund:*

alternative to	difficulty in	interest in
chance of	doubt about	reason for
danger of	experience in	risk of

There is no **reason for being** happy.	*Es gibt keinen Grund, glücklich zu sein.*
Dave has no **difficulty in learning** languages.	*Dave fällt es leicht, Sprachen zu lernen.*
I would take any **chance of calling** him as soon as possible.	*Ich würde jede Chance nutzen, ihn sobald wie möglich anzurufen.*

"Be" + Adjektiv + Präposition + *gerund*

Nach einer Reihe von feststehenden Wendungen mit einem Adjektiv folgt ebenfalls das *gerund:*

to be afraid of	to be fond of	to be sorry for
to be ashamed of	to be good/bad at	to be tired/sick of
to be crazy about	to be interested in	to be worried about
to be famous for	to be keen on	

James is **fond of skiing.**	*James fährt gern Ski.*
Mr O'Brian is **good at teaching** English.	*Mr O'Brian kann gut Englisch unterrichten.*
Dad, I'm **sorry for causing** you any trouble.	*Papa, es tut mir leid, dass ich dir Probleme bereite.*
Shut up! I'm **sick of having** to remind you of your homework every day.	*Sei still! Ich bin es leid, dich jeden Tag an deine Hausaufgaben erinnern zu müssen.*

Verben + Präposition + *gerund*

Nicht zuletzt steht das *gerund* auch nach vielen Verben mit Präposition:

to carry on	to go on	to succeed in
to dream of	to keep on	to talk about
to give up	to look forward to	to think of

They **carried on moving** west. — *Sie zogen weiter nach Westen.*

Sam **gave up learning** vocabulary. — *Sam gab es auf, Vokabeln zu lernen.*

The fire brigade **kept on looking** for the lost cat. — *Die Feuerwehr hörte nicht auf, nach der verlorenen Katze zu suchen.*

Mr Mason was **looking forward to going** to Spain. — *Mr Mason freute sich darauf, nach Spanien zu gehen.*

Joanna **succeeded in being loved** by everyone. — *Joanna gelang es, von jedem gemocht zu werden.*

Have ever **thought of becoming** a TV star? — *Hast du schon einmal daran gedacht, ein Fernsehstar zu werden?*

Adverbiale Bestimmung nach Präpositionen

In bestimmten sprachlichen Wendungen wie z. B. "instead of" oder "in spite of" kann das *gerund* als eine adverbiale Bestimmung gebraucht werden. Im Deutschen steht hierfür meist ein Nebensatz mit einer entsprechenden Konjunktion:

Instead of leaving as soon as possible, Mark slept till 10 o'clock. — *Anstatt so früh wie möglich aufzubrechen, schlief Mark bis 10 Uhr.*

In spite of working hard before the exam, I got a D only. — *Obwohl ich vor dem Examen hart gearbeitet hatte, bekam ich nur eine Vier.*

Nach "in order to" und den Ersatzformen der Modalverben (z. B. to be allowed to) steht der Infinitiv, nicht das *gerund!*

Achtung

Wissen kurz gefasst ✓

Wie richtige Substantive stehen auch *gerunds* in vielen Wendungen aus Adjektiven oder Substantiven mit einer Präposition. Du musst sie auswendig lernen.

Verb + Infinitiv oder Verb + *gerund?*

Manche Verben können sowohl einen Infinitiv als auch ein *gerund* nach sich ziehen. In vielen Fällen ist damit kein Bedeutungsunterschied verbunden: The team started playing = started to play. In einigen Fällen musst du allerdings aufpassen, da Infinitiv und *gerund* die Bedeutung des Verbs verändern.

"to stop"

"To stop" + Infinitiv bedeutet, dass du mit etwas aufhörst, um etwas anderes zu erledigen. "To stop" + *gerund* drückt aus, dass du aufhörst, etwas zu tun.

"to stop" + Infinitiv	"to stop" + *gerund*
Ben had been listening to music for hours, but then he **stopped to work** on his presentation for the following day. *Ben hatte stundenlang Musik gehört, aber dann hörte er damit auf, um an seiner Präsentation für den folgenden Tag zu arbeiten.*	About midnight Ben was very tired. So he **stopped working** on his presentation. *Gegen Mitternacht war Ben sehr müde. Deshalb hörte er auf, an seiner Präsentation zu arbeiten.*

"to remember" und "to forget"

Beziehen sich "to remember" und "to forget" auf die Vergangenheit, so musst du ein *gerund* folgen lassen. Ist aber etwas in der Gegenwart oder Zukunft gemeint, gebraucht man den Infinitiv mit "to".

"to remember" + Infinitiv	"to remember" + *gerund*
Please **remember to buy** a birthday present for Louise! *Bitte denke daran, ein Geburtstagsgeschenk für Louise zu kaufen!*	I vaguely **remember seeing** this film at the cinema some years ago. *Ich erinnere mich vage daran, diesen Film vor Jahren im Kino gesehen zu haben.*
"to forget" + Infinitiv	**"to forget" + *gerund***
You shouldn't **forget to bring** along some money for our date with Sally. *Du solltest nicht vergessen, für unsere Verabredung mit Sally etwas Geld mitzunehmen.*	Have you really **forgotten apologising** to him? *Hast du wirklich vergessen, dass du dich (schon) bei ihm entschuldigt hast?*

"to mean"

Der Infinitiv nach "to mean" heißt, dass etwas beabsichtigt wird. "That means" mit *gerund* heißt, „das bedeutet, dass etwas getan werden muss".

"to mean" + Infinitiv	"to mean" + *gerund*
The buses are on strike. That **means going** by taxi. *Die Busse streiken. Das bedeutet, dass wir ein Taxi nehmen müssen.*	I **meant to take** a taxi, but I couldn't find one. *Ich wollte ein Taxi nehmen, aber ich konnte keines finden.*

"to try"

Ist der Versuch vergeblich, so folgt auf "to try" der Infinitiv. Möchtest du dagegen ausdrücken, dass etwas neu versucht wird, musst du ein *gerund* verwenden.

"to try" + Infinitiv	"to try" + *gerund*
I **tried to meet** her at the station, but I was too late. *Ich versuchte sie am Bahnhof zu treffen, aber ich war zu spät.*	I'll **try fixing** the bike myself. *Ich versuche selbst, das Rad zu reparieren.*

"to go on"

Folgt auf "to go on" ein Infinitiv, so wird damit ausgedrückt, dass jemand mit einer neuen Handlung fortfährt. Steht nach dem Verb ein *gerund*, so wird die alte Handlung weitergeführt.

"to go on" + Infinitiv	"to go on" + *gerund*
The president **went on talking** about his successes. *Der Präsident redete unentwegt von seinen Erfolgen (= hörte nicht auf, ...).*	The president **went on to talk** about his foreign policy. *Der Präsident fuhr fort und sprach über seine Außenpolitik. (= Themenwechsel)*

Wissen kurz gefasst ✓

Je nachdem, ob ein *gerund* oder ein Infinitiv auf "to stop", "to forget", "to remember", "to mean", "to try" oder "to go on" folgt, ändert sich die Bedeutung des Verbs.

Das *present participle*

Participles sind wie Infinitive unveränderliche Verbformen. Man unterscheidet zwischen dem *present participle* und dem *past participle*. Das *present participle* ist eine aktive Verbform.

Bildung

Das *present participle* wird gebildet aus dem Infinitiv des Verbs + "-ing".

Gebrauch

Das *present participle* wird verwendet

(1) für die Bildung des *present progressive, past progressive* etc.:

The Italian woman was **looking** into the immigration officer's eyes, begging for mercy.	*Die italienische Frau sah dem Einwanderungsbeamten in die Augen und bat um Gnade.*

(2) als Attribut oder Prädikatsnomen mit aktiver Bedeutung:

an **exciting** story	*eine aufregende Geschichte*
The story was **exciting.**	*Die Geschichte war aufregend.*

(3) um Hauptsätze miteinander zu verbinden:

zwei Hauptsätze	verbunden durch das *present participle*
President Bush heard about the terrorist attack in New York. He immediately interrupted his visit to a local school.	**Hearing** about the terrorist attack in New York, President Bush immediately interrupted his visit to a local school.

(4) anstelle eines Relativsatzes. Das *present participle* kann notwendige Relativsätze ersetzen, in denen das Relativpronomen Subjekt des Relativsatzes ist. Aufgrund seines aktiven Charakters kann das *present participle* nur aktive Verbformen des Relativsatzes ersetzen.

Relativsatz	*present participle*
I was scared by the man **who was** drunk. *Ich fürchtete mich vor dem Mann, der betrunken war.*	I was scared by the man **being** drunk. *Ich fürchtete mich vor dem betrunkenen Mann.*

(5) um temporale, kausale oder konzessive Nebensätze in einem Satzgefüge zu verkürzen. Die Konjunktion kann – muss aber nicht! – bei der Verkürzung wegfallen.

Die Verkürzung ist nur möglich, wenn Haupt- und Nebensatz das gleiche Subjekt haben!

Achtung

temporale/kausale/konzessive Nebensätze	verkürzt mit *present participle*
While Brian **was listening** to a new CD, he did his homework. *Während Brian eine neue CD anhörte, machte er seine Hausaufgaben.*	(While) **listening** to his new CD, Brian did his homework.
After Sheila **had left** him, she felt better. *Nachdem Sheila ihn verlassen hatte, fühlte sie sich besser.*	**Having left** him, Sheila felt better.
As/because they **knew** about his long illness, they were surprised how fast he could run. *Weil sie von seiner langen Krankheit wussten, waren sie überrascht, wie schnell er laufen konnte.*	**Knowing** his handicap, they were surprised how fast he could run.
Though she **had been** in America for 15 years, she didn't speak English very well. *Obwohl sie 15 Jahre lang in Amerika war, sprach sie nicht sehr gut Englisch.*	(Though) **having been** in America for 15 years, she didn't speak English very well.

Wissen kurz gefasst ✓

- Das *present participle* wird aus der Grundform und "-ing" gebildet. Es wird zur Bildung der *progressive*-Zeiten, als Attribut und Prädikatsnomen verwendet.
- Man kann mit dem *present participle* auch elegant Sätze miteinander verbinden oder verkürzen.

Das *past participle*

Das *past participle* wird ähnlich wie das *present participle* gebraucht. Das *past participle* hat jedoch im Gegensatz zum *present participle* eine passive Bedeutung.

Bildung

Du bildest das *past participle* bei den Verben mit regelmäßigen Vergangenheitsformen aus dem Infinitiv und der Endung "-ed". Denke daran, dass es eine Reihe von unregelmäßigen Verben gibt (Übersicht siehe S. 126). Das past *participle* ist jeweils die dritte Verbform.

Gebrauch

Das *past participle* wird verwendet

(1) für die Bildung des *present perfect, past perfect, future perfect, conditional perfect* und aller Passivformen:

The situation of the minorities in the US has been **improved.** | *Die Situation der Minderheiten in den USA hat sich verbessert.*

The conflict in Northern Ireland will not have **come** to an end in the next generation either. | *Der Konflikt in Nordirland wird auch in der nächsten Generation kein Ende finden.*

(2) als Attribut oder Prädikatsnomen mit passiver Bedeutung:

an **expected** result | *ein erwartetes Ergebnis*

The result could be **expected.** | *Das Ergebnis konnte man erwarten.*

(3) um Hauptsätze miteinander zu verbinden:

zwei Hauptsätze	**verbunden durch das *past participle***
The bus driver watched a woman in the back row. She was reading a newspaper. *Der Busfahrer beobachtete eine Frau in der hinteren Reihe, wie sie eine Zeitung las.*	The bus driver watched a woman in the back row **reading** a newspaper.

(4) anstelle eines Relativsatzes. Das *past participle* kann notwendige Relativsätze ersetzen, in denen das Relativpronomen Subjekt des Relativsatzes ist. Aufgrund seines passiven Charakters kann das *past participle* nur passive Verbformen des Relativsatzes ersetzen.

Relativsatz	*past participle*
An Aboriginal **who has been brought up** with the traditions of his ancestors can't fit in the white Australian society.	An Aboriginal **brought up** with the traditions of his ancestors can't fit in the white Australian society.

(5) um temporale, kausale und konzessive Nebensätze in Satzgefügen zu verkürzen. Die Konjunktion kann – muss aber nicht – bei der Verkürzung wegfallen.

Die Verkürzung ist nur möglich, wenn Haupt- und Nebensatz das gleiche Subjekt haben!

Achtung

temporale/kausale/konzessive Nebensätze	verkürzt mit *past participle*
When Mike's parents **were told** about their son's behaviour, they were shocked.	When **told** about their son's behaviour, Mike's parents were shocked.
After he **had been caught** by the police, he confessed everything.	**Caught** by the police, he confessed everything.
Though it **was kept** secret, it came out that they had split.	Though **kept** secret, it came out that they had split.
John's family left earlier because they **were surprised** by the hotel prices in New York.	John's family left earlier, **surprised** by the hotel prices in New York.

Wissen kurz gefasst ✓

- Das *past participle* wird bei den regelmäßigen Verben aus der Grundform und der Endung "-ed" gebildet, die unregelmäßigen musst du auswendig lernen.
- Es wird bei der Zeitenbildung im Aktiv und im Passiv verwendet sowie als Attribut oder Prädikatsnomen gebraucht.
- Mit dem *past participle* kann man elegant Sätze verbinden bzw. verkürzen.
- Achte auf die passive Grundbedeutung!

Prinzipien der indirekten Rede

Die indirekte Rede ermöglicht es, wiederzugeben, was jemand sagt oder gesagt hat. Dabei ist zu beachten, zu welchem Zeitpunkt und aus welcher Sichtweise eine Äußerung in der indirekten Rede berichtet wird.

Verb des Einführungssatzes im *simple present* oder *present perfect*

In aller Regel wird die indirekte Wiedergabe einer Äußerung von einem Satz eingeleitet, der ausdrückt, dass jemand etwas sagt bzw. mitgeteilt hat (Tom says, he told me, she asked etc.).

Achtung

Steht das Verb im Einführungssatz im ***simple present*** oder ***present perfect,*** wird die indirekt wiedergegebene Äußerung ***ohne Veränderung der Zeit*** angehängt. Im Deutschen ist es anders!

direkte Rede	indirekte Rede
Sally to Bob: "You **mustn't rely** on Bill." *Sally zu Bob: „Du **darfst** dich auf Bill nicht **verlassen.**"*	Sally **says** to Bob that he **mustn't rely** on Bill. *Sally sagte zu Bob, dass er sich nicht auf Bill **verlassen dürfe**.*
Linda: "My best subject at school is French." *Linda: „Mein bestes Fach in der Schule ist Französisch."*	Linda **has** always **said** her best subject at school is French. *Linda hat immer gesagt, dass ihr bestes Fach in der Schule Französisch sei.*

Achtung

Da es sich bei der indirekten Aussage um eine notwendige Ergänzung handelt, steht vor "that" im Englischen kein Komma!

Wie bei den notwendigen Relativsätzen kann "that" auch weggelassen werden. Im Deutschen ist dies nicht möglich.

direkte Rede	indirekte Rede
Greenpeace spokesman: "Alternative sources of energy will be more important in future." *Der Sprecher von Greenpeace: „Alternative Energiequellen werden in Zukunft an Bedeutung gewinnen."*	The Greenpeace spokesman believes alternative sources of energy will be more important in future. *Der Sprecher von Greenpeace glaubt, dass alternative Energiequellen in Zukunft an Bedeutung gewinnen werden.*

Wechsel der Perspektive

Eine Besonderheit der indirekten Rede ist, dass die Sichtweise des Sprechers berücksichtigt werden muss. Dies führt dazu, dass manche **Pronomen** und **Verbformen verändert** werden müssen.

direkte Rede	indirekte Rede
Martin Luther King: "**I have** a dream!"	Martin Luther King says **he has** a dream.

Stil

Achte darauf, indirekte Äußerungen nicht immer mit dem Verb "to say" einzuleiten. Folgende Verben können ausdrucksstärker formulieren, wie eine Äußerung gemeint ist oder war.

to apologise to ask to admit to answer to argue to complain	to inform to prove to regret to show to tell

direkte Rede	indirekte Rede
Tom to Kim: "I have forgotten your birthday."	Tom apologises that he has forgotten Kim's birthday.
Joey: "Dad is never here when you need him."	Joey complains that his dad is never there when he needs him.

Wissen kurz gefasst ✓

- Steht das Verb im Einführungssatz der indirekten Rede im *simple present* oder *present perfect*, wird die Zeit der direkten Äußerung ohne Änderung übernommen.
- Denke daran, dass in der Regel eine andere Perspektive angenommen wird, so dass sich die Pronomen ändern.
- Achte auf einen guten Stil!

Die Zeitverschiebung

Da das Englische keinen Konjunktiv kennt, wird eine in der Vergangenheit stattgefundene direkte Rede durch eine Zeitverschiebung in die Vergangenheit als indirekt gekennzeichnet (***backshift of tenses***).

Verb des Einführungssatzes im *past tense*

Steht das Verb im Einführungssatz in einem *past tense* (she said, Sam had told me etc.), wird die indirekt wiedergegebene Äußerung mit einer **Rückverschiebung der Zeit** angehängt.

Übersicht über die Rückverschiebung der Zeiten

direkte Rede	indirekte Rede
simple present Sarah: "I send you a text message."	
present perfect Sarah: "I have sent you a text message."	
simple past Sarah: "I sent you a text message."	*simple past* Sarah answered that **she sent** him a text message.
past perfect Sarah: "I had sent you a text message." →	*past perfect* Sarah answered that **she had sent** him a text message.
will-future Sarah: "I will send you a text message."	
conditional Sarah: "I would send you a text message."	*conditional* Sarah answered that **she would send** him a text message.
	conditional perfect Sarah answered that **she would have sent** him a text message.

Eine Besonderheit stellt das *going to-future* dar. Es wird von einer Präsensform von "to be" eingeleitet, die bei der Rückverschiebung verändert wird. Die indirekte Form von "am/is/are going to" ist deshalb "was/were going to".

Achtung

direkte Rede	indirekte Rede
"What **are** you **going to do** against the terrorists, Mr. President?" *„Was wollen Sie gegen die Terroristen unternehmen, Mr. President?"*	The president was asked what he **was going to** do about the terrorists. *Der Präsident wurde gefragt, was er gegen die Terroristen unternehmen wolle.*

Zeitverschiebung bei den *progressive*-Zeiten

Die *progressive*-Zeiten (z. B. *present progressive, past progressive, present perfect progressive* etc.) werden entsprechend den Regeln der einfachen Zeiten ebenfalls in die Vergangenheit verschoben.

direkte Rede	indirekte Rede
The president: "We **are doing** our best." *Der Präsident: „Wir tun unser Bestes."*	The president argued that they **were doing** their best. *Der Präsident argumentierte, sie täten ihr Bestes.*
"We **will be controlling** our borders." *„Wir werden die Grenzen kontrollieren."*	He assured the reporter that **they would be controlling** the borders. *Er versicherte dem Reporter, dass sie die Grenzen kontrollieren würden.*

Wissen kurz gefasst

- In der indirekten Rede wird die wiedergegebene Äußerung um einen Schritt in der Vergangenheit zurückverschoben, wenn das Verb im Einführungssatz im *simple past* steht. Dies gilt auch für die *progressive*-Zeiten.
- Das *past perfect* und das *conditional perfect* bleibt gegenüber der direkten Rede unverändert.
- Eine Besonderheit bildet auch das *going to-future*: "am/is/are going to" wird zu "was/were going to".

Fragen

Bei Fragen in der indirekten Rede verändert sich nicht nur die Zeit, sondern auch die Satzstellung. Du musst unterscheiden zwischen Fragen mit Fragewort und Entscheidungsfragen.

Fragen mit Fragewort

Bei Fragen, die in der direkten Rede ein Fragewort haben, wird dieses in der indirekten Frage übernommen:

direkte Rede	indirekte Rede
Mum: "**When are you going to** be back?" Mama: *„Wann bist du wieder zurück?"*	Mum asked **when I was going to** be back. *Mama fragte, wann ich wieder zurück sein würde.*

Achtung

Aus der normalen Satzstellung der Frage in der direkten Rede wird bei der Wiedergabe als indirekte Frage die Wortstellung eines Aussagesatzes: Subjekt – Prädikat – Objekt (S – P – O). Dass es eine Frage ist, erkennt man an dem Verb des Einführungssatzes (to ask, to want to know) und dem Fragewort.

	Fragewort	Hilfsverb (Prädikatsteil)	Subjekt	Prädikat	Objekt
Mary:	"Why	didn't	you	phone	me?"
Mary asked	why		her friend	hadn't phoned	her.

Entscheidungsfragen

Entscheidungsfragen haben kein Fragewort. Daher musst du "if" oder "whether" (= ob) einfügen, um zu verdeutlichen, dass es sich um eine Frage handelt. Auch hier wird die indirekte Frage mit der Satzstellung S – P – O wiedergegeben.

direkte Rede	indirekte Rede
Kevin: "**Is** there anybody at home?" Kevin: *„Ist jemand zu Hause?"*	Kevin asked **whether** there **was** anybody at home. *Kevin fragte, ob jemand zu Hause sei.*

Aufforderungen und Vorschläge

Bei Aufforderungen, Anweisungen und Vorschlägen wird aus dem Imperativ (Befehlsform) in der Regel eine Infinitivkonstruktion mit "to". Diese gilt für alle Zeiten, so dass du dich um die sonst übliche Zeitverschiebung in der indirekten Rede nicht kümmern musst.

Unabhängig von der Zeit des Verbs im Einführungssatz besteht die indirekte Aufforderung aus dem Objekt + "to" + Infinitiv. Bei verneinten Befehlsformen setzt du "not" unmittelbar vor "to".

direkte Rede	indirekte Rede
"**Stay** where you are," the white master **ordered**. *„Bleib, wo du bist", befahl der weiße Herr.*	The white master **ordered the slave/him to stay** where he was. *Der weiße Herr befahl dem Sklaven/ihm, zu bleiben, wo er war.*
"**Don't try** to escape from the plantation," **warned** the slave-owner. *„Versuche nicht, von der Plantage zu fliehen", warnte der Sklavenbesitzer.*	The slave-owner **warned him not to try** to escape from the plantation. *Der Sklavenbesitzer warnte ihn davor zu versuchen, von der Plantage zu fliehen.*

Wissen kurz gefasst ✓

- Bei Fragen in der indirekten Rede verändert sich die Satzstellung. Indirekte Fragen haben die Satzstellung des Aussagesatzes (S – P – O). Wenn kein Fragewort vorhanden ist, nimmst du "if" oder "whether".
- Bei Aufforderungen und Vorschlägen kommt es in der indirekten Rede zu einer Konstruktion mit "(not) to" + Infinitiv.

Orts- und Zeitangaben

Wie Verbformen und Pronomen müssen Orts- und Zeitangaben unter Umständen verändert werden, wenn sich der Blickwinkel auf einen Ort oder einen Zeitpunkt verschoben hat.

Zeitangaben

Zeitangaben wie z. B. "yesterday" beziehen sich auf einen bestimmten Sprechzeitpunkt. In diesem Fall bezeichnet die Angabe von heute aus betrachtet den gestrigen Tag. Wird die Aussage aber zu einem viel späteren Zeitpunkt, z. B. eine Woche danach, wiedergeben, kannst du nicht mehr von „gestern" sprechen. Entsprechend müssen eine Reihe von Zeitangaben in der indirekten Rede verändert werden.

direkte Rede		indirekte Rede
today	→	that day
tonight	→	that night
this week/month	→	that week/month
now	→	then
at the moment	→	at that moment
yesterday	→	the day before
last week/month	→	the week/month before
two … days/weeks … ago	→	two … days/weeks … before
tomorrow	→	the following day
next week	→	the following week/the next week

Ortsangaben

Ähnliches gilt für Ortsangaben, die bei einem anderen Sprechort ebenfalls dem neuen Blickwinkel angepasst werden müssen.

direkte Rede		indirekte Rede
here	→	there
in this town	→	in that town

Achtung

Zeit- und Ortsangaben bleiben gleich, wenn Zeit und Ort der Aussage in dem Moment, in dem die Äußerung wiedergegeben wird, noch dieselben sind.

Modalverben

Auch die Modalverben müssen nach einem Einführungsverb in der Vergangenheit in der indirekten Rede verändert werden. Einige folgen den Regeln der Zeitverschiebung, andere nicht.

"can", "may", "will" und "shall"

Für diese Modalverben gibt es natürliche Formen, die bei der Wiedergabe in der indirekten Rede benutzt werden können.

direkte Rede	indirekte Rede
The English teacher: "Can you tell me the difference between 'to borrow' and 'to lend'?" "**May** I have your attention, please." Sue: "Damn! The car **won't** start."	The English teacher asked them whether anybody could tell him the difference between "to borrow" and "to lend". He asked them whether he **might** have their attention. Sue grumbled that the car **wouldn't** start.

"must" und "needn't"

"Must" und "needn't" haben nur eine Präsensform, so dass bei einer Zeitverschiebung vielfach ihre Ersatzformen (to have to bzw. to do not have to) herangezogen werden.

direkte Rede	indirekte Rede
The doctor: "You **must** take these pills twice a day." Kelly's mother: "You **needn't** behave like a child."	The doctor told me that I **had to** take those pills twice a day. Kelly's mother told her that she **didn't have to** behave like a child.

"could", "should", "would" und "might"

Diese Modalverben bleiben in der indirekten Rede unverändert.

Wissen kurz gefasst ✓

- Verändert sich eine Orts- oder Zeitangabe gegenüber der direkten Äußerung zum Zeitpunkt der Wiedergabe in der indirekten Rede, so müssen diese Angaben dem neuen Blickwinkel angepasst werden.
- Bei den Modalverben ändert sich "can" zu "could", "may" zu "might", "will" zu "would" und "shall" zu "should".
- "Must" und "needn't" werden in der indirekten Rede mit den Ersatzformen "(do not) have to" gebildet.

Aussagesätze

Während im Deutschen ein ziemlich variantenreicher Satzbau möglich ist, gibt es im Englischen eine streng festgelegte Wortstellung: Subjekt – Prädikat – Objekt (S – P – O).

Wortstellung im Hauptsatz

Englische Substantive verfügen über keine Endungen oder Begleiter, die den grammatischen Fall (Kasus) anzeigen. Allein die Position im Satz entscheidet darüber, was Subjekt und Objekt ist. Es gilt für den Aussagesatz generell, dass das Substantiv vor dem Prädikat immer das Subjekt ist. Umstellungen wie im Deutschen sind nicht möglich bzw. führen zu einem völlig veränderten Sinn.

Wortstellung im Nebensatz

Die Satzstellung S – P – O gilt auch für den Nebensatz. Dies ist für deutsche Sprachlerner besonders zu beachten, da gerade im **deutschen** Nebensatz eine festgelegte veränderte Satzstellung gegeben ist, nach der das **Prädikat vollständig am Ende** steht.

Hauptsatz			
Subjekt	**Prädikat**	**Objekt**	
Sue	slapped	Paul	in the face,
Sue	*schlug*	*Paul*	*ins Gesicht,*

Nebensatz				
	Subjekt	**Prädikat**	**Objekt**	
when	he	tried to kiss	her.	
	Subjekt		**Objekt**	**Prädikat**
als	*er*		*sie*	*zu küssen versuchte.*

Die Wortstellung bei Verben mit zwei Objekten

Verben wie "to buy", "to give", "to lend/to borrow" und "to send" haben ein direktes und ein indirektes Objekt. Im Englischen ist aber die Art des Objektes bzw. der Kasus nicht zu erkennen, so dass nur eine festgelegte Reihenfolge Aufschluss darüber gibt, welches Objekt das direkte bzw. das indirekte ist.

Unbetonte Wortstellung

Das indirekte Objekt steht unmittelbar vor dem direkten Objekt.

Subjekt	Prädikat	indirektes Objekt	direktes Objekt
Jamie	gave	his classmates	a presentation.
Jamie	*hielt*	*für seine Klassenkameraden*	*eine Präsentation.*

Betonte Wortstellung

Soll das indirekte Objekt betont werden, so kann es hinter das direkte Objekt gesetzt werden. In diesem Fall muss das indirekte Objekt mit "to" versehen werden.

Subjekt	Prädikat	direktes Objekt	indirektes Objekt
Jamie	gave	a presentation	**to** his classmates.
Jamie	*hielt*	*eine Präsentation*	*für seine Klassenkameraden.*

Wissen kurz gefasst ✓

- Da im Englischen sprachliche Signale fehlen, um zu erkennen, welcher grammatische Fall vorliegt, gibt es eine streng geordnete Wortstellung (S – P – O), aus der hervorgeht, was Subjekt, direktes oder indirektes Objekt ist.
- Bei Verben mit zwei Objekten zeigt die Präposition "to" vor dem indirekten Objekt an, dass es sich um eine betonte Wortstellung handelt.

Die Stellung von Adverbien, Orts- und Zeitangaben

Adverbien, Orts- und Zeitangaben können nur an bestimmten festgelegten Stellen des Satzes stehen, die die festgelegte Wortstellung von Subjekt – Prädikat – Objekt nicht verändern. Es gelten unterschiedliche Wortstellungsregeln für einzelne Adverbien.

Adverbien der Art und Weise

Adverbien der Art und Weise *(adverbs of manner)* stehen in der Regel nach dem direkten Objekt bzw., wenn keines vorhanden ist, nach dem Verb.

He spoke English **well.**	*Er sprach gut Englisch.*
"Be quiet," the teacher shouted **angrily.**	*„Seid still", rief der Lehrer ärgerlich.*

Adverbien der Häufigkeit

Adverbien der Häufigkeit *(adverbs of frequency)* (z. B. often, already, always, sometimes, ever, never) stehen vor dem Vollverb. Ist das Prädikat mehrteilig, so stehen sie nach dem ersten Hilfsverb. Besteht das Prädikat nur aus einer Form von "to be", stehen die Adverbien danach!

We **never** believed him.	*Wir glaubten ihm niemals.*
Ben has **always** wanted to go to New York.	*Ben hat schon immer nach New York fahren wollen.*
Our teacher is **often** strange.	*Unser Lehrer ist oft merkwürdig.*

Achtung

Verb und Objekt dürfen NIEMALS durch Adverbien getrennt werden!

Gradadverbien

Gradadverbien *(adverbs of degree)* (z. B. nearly, rather, really, hardly, completely, very) stehen unmittelbar vor dem Verb oder Adjektiv, das sie näher bestimmen.

Tim **nearly** lost his father in the crowd.	*Tim verlor beinahe seinen Vater in der Menschenmenge.*
The neighbourhood is **really** nice.	*Das Wohnviertel ist wirklich nett.*

Satzadverbien

Satzadverbien bestimmen nicht nur das Verb näher, sondern den ganzen Satz. Sie stehen daher gleich zu Beginn. Zu diesen Adverbien zählen z. B.: (un-)luckily, (un-)fortunately, in fact, of course, naturally, obviously, perhaps.

Of course Bill could have come.	*Natürlich hätte Bill kommen können.*

Adverbien der Zeit

Adverbien der Zeit *(adverbs of time)* (z. B. yet, now, soon, tomorrow) stehen in der Regel am Ende. Eine Ausnahme bildet "still", das nach "to be" bzw. vor dem Vollverb steht:

I haven't seen him **yet.**	*Ich habe ihn noch nicht gesehen.*
The shop is **still** open, isn't it?	*Der Laden hat noch offen, oder nicht?*

Adverbien des Ortes

Für Adverbien des Ortes wie z. B. "here" oder "there" gelten dieselben Regeln wie für Zeitadverbien, d. h. sie stehen üblicherweise am Ende eines Satzes:

They couldn't find him although they had looked **everywhere.**	*Sie konnten ihn nicht finden, obwohl sie überall gesucht hatten.*

Treffen Adverbien des Ortes und der Zeit am Ende aufeinander, gilt: **Ort vor Zeit.** Wenn die Handlung auch noch durch eine adverbiale Bestimmung der Art und Weise ergänzt wird, gilt die Reihenfolge: **manner – place – time (M – P – T):**

Subjekt	Prädikat	*adverb of manner*	*adverb of place*	*adverb of time*
Tim	goes	secretly	to the party	on Saturday.

Aufgepasst: Im Deutschen ist es andersherum: „Tim geht heimlich *am Samstag auf die Party.*" (→ Zeit vor Ort!)

Wissen kurz gefasst ✓

Adverbien können nur an bestimmten Stellen im Satz stehen, ohne dabei die Grundordnung S – P – O aufzuheben. Für die verschiedenen Typen von adverbialen Bestimmungen gelten jeweils Regeln. Sie stehen jedoch niemals zwischen Verb und Objekt!

Fragesätze

Gegenüber dem Aussagesatz haben Fragen eine veränderte Satzstellung, da ein Hilfsverb vor das Subjekt rückt. Man unterscheidet zwischen Entscheidungs- und Ergänzungsfragen.

Entscheidungsfragen

Entscheidungsfragen haben kein Fragewort. Lediglich die veränderte Satzstellung zeigt an, dass es sich um eine Frage handelt. Willst du eine Entscheidungsfrage (Antwort: *ja* oder *nein*) aus einem Aussagesatz bilden, musst du das finite Hilfsverb und das Subjekt vertauschen.

Aussagesatz	Computers **have** changed our lives.
Entscheidungsfrage	**Have** computers changed our lives?

Achtung

Ist kein Hilfsverb vorhanden, hilft dir eine Form von "to do". Diese muss die Zeit und die Person ausdrücken.

Aussagesatz	People **spend** hours in front of a computer screen.
Entscheidungsfrage	Do people **spend** hours in front of a computer screen?

Ergänzungsfragen

Ergänzungsfragen können nach Subjekt und Objekten, Besitzverhältnissen oder adverbialen Bestimmungen fragen. Sie beginnen mit einem Fragepronomen (when, where, why, how, what, who, whose). Danach folgen sie den Regeln der Bildung von Entscheidungsfragen.

Where have you got your laptop?	*Wo hast du deinen Laptop?*
When was the internet created?	*Wann wurde das Internet entwickelt?*
Whose iPod is that?	*Wessen iPod ist das?*
How fast is your processor?	*Wie schnell ist dein Prozessor?*
What's your e-mail address?	*Wie lautet deine E-Mail-Adresse?*
Why did you buy an Apple computer?	*Warum hast du dir einen Apple Computer gekauft?*

Question tags

Question tags nennt man Frageanhängsel am Ende eines Aussagesatzes. Mit ihnen forderst du Bestätigung von deinem Zuhörer ein.

Bildung

Question tags greifen das Hilfsverb und das Subjekt des Aussagesatzes wieder auf. Dabei wird das Subjekt immer in ein Personalpronomen umgewandelt. Beim *question tag* sind Subjekt und Prädikat vertauscht.

Malcolm X **was** a leader of the Civil Rights Movement, **wasn't he?**
In particular white racists in the southern states **could not** unterstand black efforts, **could they?**

Malcolm X war ein Anführer der Bürgerrechtsbewegung, nicht wahr?
Besonders weiße Rassisten in den Südstaaten konnten die Bemühungen der Schwarzen nicht verstehen, oder?

Liegt kein Hilfsverb im Aussagesatz vor, so wird – entsprechend den Regeln der Fragebildung – das Vollverb durch eine Form von "to do" in der Bestätigungsfrage ersetzt. Dabei musst du auf die entsprechende Zeit des Verbs achten!

Martin Luther King **achieved** his aims with non-violent protests, **didn't he?**

Martin Luther King erreichte seine Ziele durch gewaltfreie Proteste, oder nicht?

Achtung

Aussagesatz und *question tag* sind immer gegensätzlich gepolt: Ist der Aussagesatz bejaht, wird die Bestätigungsfrage verneint und umgekehrt.

bejahter Aussagesatz (+)	**verneinter *question tag* (–)**
We'll fight for our rights,	won't we?
verneinter Aussagesatz (–)	**bejahter *question tag* (+)**
We won't hurt anybody,	will we?

Wissen kurz gefasst ✓

- Gegenüber dem Aussagesatz ist bei Fragesätzen eine veränderte Satzstellung zu beachten: Subjekt und finites Hilfsverb sind vertauscht.
- Liegt kein Hilfsverb im Aussagesatz vor, nimm eine Form von "to do".
- Achte auf die gegensätzliche Polung von Aussagesatz und *question tag!*

Aufforderungen, Verbote und Vorschläge

Aufforderungen weichen ebenfalls von der Wortstellung des Aussagesatzes (S – P – O) ab und haben immer ein Verb am Satzanfang. Je nach Charakter der Aufforderung muss man unterschiedliche Formen bzw. Verben verwenden. Es fehlt jedoch generell ein Subjekt!

Aufforderungen

Bei einer Aufforderung steht der Imperativ. Das auffordernde Verb am Satzanfang hat die gleiche Form wie der Infinitiv.

Close your eyes!	*Mach deine Augen zu!*
Send me the file as soon as possible!	*Schick mir die Datei so schnell wie möglich!*

Verbote

Möchtest du jemanden auffordern, etwas nicht zu tun, jemanden erinnern oder ein generelles Verbot ausdrücken, verwendest du einen verneinten Imperativ. Zu diesem Zweck setzt du "do not/don't" vor den Infinitiv.

Don't treat me like a child!	*Behandelt mich nicht wie ein Kind!*
Do not lean out of the window!	*Nicht aus dem Fenster lehnen!*

"Do not" klingt sehr förmlich und streng, so dass es in der Regel nur auf Verbotsschildern zu lesen ist. Im mündlichen Sprachgebrauch verwendet man die Kurzform "don't".

Vorschläge

Möchtest du weniger verbindlich sein bzw. deine Aufforderung als Vorschlag verstanden wissen, solltest du "let's" gebrauchen.

Let's meet at 8 p.m.	*Wir treffen uns um 20 Uhr, ja?*
Let's take him seriously!	*Wir sollten ihn ernst nehmen!*

Die Inversion

Ähnlich wie bei Fragen können bestimmte Adverbien am Satzanfang eine veränderte Wortstellung erzeugen. Man spricht in diesen Fällen – wenn finites Hilfsverb und Subjekt in ihrer Reihenfolge vertauscht sind – von einer Inversion.

Gebrauch

Folgende negative Adverbien lösen eine Inversion aus, wenn sie zur besonderen Betonung an den Anfang eines Satzes gestellt werden. Inversionen werden vor allem im schriftlichen Sprachgebrauch verwendet.

hardly neither nor no sooner … than	never rarely seldom

Hardly did he manage to come here in time.	*Er schaffte es kaum, rechtzeitig hierher zu kommen.*
No sooner did he arrive than the musical began.	*In dem Moment, als er ankam, begann das Musical.*
Never have I seen such a brilliant performance.	*Noch nie habe ich eine solch ausgezeichnete Vorstellung gesehen.*
Seldom can you see stars like her live on stage.	*Selten kann man Stars wie sie live auf der Bühne sehen.*

Auch bei "so" wird die Inversion angewandt, obwohl dieses kleine Wörtchen nur in einem bestätigenden Zusammenhang gebraucht wird.

Brian saw Madonna in concert in Cologne. – **So did I.**	*Brian sah Madonna in ihrem Konzert in Köln. – Ich auch.*

Wissen kurz gefasst ✓

- Imperative haben kein Subjekt und beginnen mit einer infiniten Verbform. Verbote oder Ermahnungen werden mit "do not" gebildet.
- Negative Adverbien und das Wort "so" rufen eine Inversion hervor, wenn sie zur Betonung an den Satzanfang gestellt werden.

Notwendige und nicht notwendige Relativsätze

Relativsätze sind Nebensätze, die durch ein Relativpronomen eingeleitet werden und einen übergeordneten Hauptsatz näher bestimmen. Man unterscheidet dabei bestimmende, notwendige *(defining relative clauses)* und nicht bestimmende, nicht notwendige Relativsätze *(non-defining relative clauses)*.

Notwendige Relativsätze

Notwendige Relativsätze geben Informationen, ohne die ein Satz nicht verständlich wäre. Sie dürfen daher nicht weggelassen werden.

The man **who influenced Martin Luther King most** is Mahatma Ghandi.
The book **which/that I like best** is "Harry Potter and the Philosopher's Stone".

Der Mann, der Martin Luther King am meisten beeinflusst hat, ist Mahatma Ghandi.
Das Buch, das ich am meisten mag, ist „Harry Potter und der Stein der Weisen".

Achtung

Bei bestimmenden Relativsätzen steht im Englischen **kein Komma!** Es sollte auch keine Sprechpause entstehen. Damit wird verdeutlicht, dass der Relativsatz nicht vom Hauptsatz zu trennen ist.

Nicht notwendige Relativsätze

Nicht notwendige Relativsätze geben eine Zusatzinformation zur Hauptaussage. Du würdest die Aussage auch ohne den Relativsatz verstehen, so dass man ihn auch weglassen könnte. Nicht notwendige Relativsätze werden zur Verdeutlichung, dass es sich um einen Einschub handelt, durch Kommas abgetrennt. Diese wirken auch als Sprechpause.

Henry Ford, **who started up tinkering in a little shed in his backyard,** produced cars with the help of an assembly line for the first time.

Henry Ford, der seine Karriere mit Tüfteleien in einem kleinen Schuppen auf seinem Hinterhof begonnen hatte, produzierte als Erster Autos mit Hilfe eines Fließbandes.

Contact clauses

Grundsätzlich kann das Relativpronomen als Subjekt oder Objekt eines Relativsatzes auftreten. Wenn das Relativpronomen in einem notwendigen Relativsatz *(defining relative clause)* anstelle eines Objekts verwendet wird, kann man es auch auslassen. Man spricht dann von einem *contact clause*, wenn Hauptsatz und Relativsatz ohne trennendes Relativpronomen in direktem Kontakt zueinander stehen.

Hauptsatz	**notwendiger Relativsatz**
This is **the girl**	that (Relativpronomen als Objekt) **I talked to** in the disco.
als *contact clause* ohne Relativpronomen:	
This is **the girl**	**I talked to** in the disco.
im Deutschen kann das Relativpronomen nicht weggelassen werden:	
*Das ist **das Mädchen**,*	*das **ich** in der Disco **angesprochen habe.***

Contact clauses können nur gebildet werden, wenn der Relativsatz ein eigenes (neues) Subjekt besitzt. Bei *contact clauses* steht **kein Komma** zwischen Hauptsatz und Relativsatz. Beim Sprechen solltest du auch keine Pause zwischendurch machen.

Achtung

In nicht notwendigen Relativsätzen kann das Relativpronomen **nicht** ausgelassen werden.

Wissen kurz gefasst ✓

- Notwendige Relativsätze sind unerlässlicher Bestandteil des Satzes und können nicht weggelassen werden. Ausdruck dieser Zusammengehörigkeit sind die fehlenden Kommas zwischen Haupt- und Relativsatz.
- Nicht notwendige Relativsätze dagegen geben nur eine zusätzliche Information, die mit Kommas abgetrennt wird.
- Relativpronomen können als Subjekt oder Objekt des Relativsatzes verwendet werden.
- Bei notwendigen Relativsätzen, die ein eigenes Subjekt haben und wo das Relativpronomen als Objekt verwendet wird, kann dieses ausgelassen werden *(contact clause)*.

Relativpronomen

Personen und Dinge erfordern unterschiedliche Pronomen. Das gleiche gilt für die verschiedenen Fälle, in denen Relativpronomen stehen. Nicht zuletzt ist entscheidend, ob sich die Pronomen auf ein Substantiv oder aber auf einen ganzen Satz beziehen.

"Who", "which" und "that"
Bei Personen nimmst du als Relativpronomen "who" oder "that".
"Which" oder "that" gebrauchst du, wenn sich der Relativsatz auf Dinge bezieht.

Look! The tall man **who** is standing next to John is Naomi's father.	*Schau! Der große Mann, der neben John steht, ist Naomis Vater.*
The subject **that** I fear most is Maths.	*Das Fach, vor dem ich am meisten Angst habe, ist Mathe.*
The cake **which** tasted so nice was from the supermarket.	*Der Kuchen, der so gut geschmeckt hat, war aus dem Supermarkt.*

Achtung

"That" darf nur in notwendigen Relativsätzen verwendet werden!

"Whose"
"Whose" ist Relativpronomen für den Genitiv und drückt Besitz oder Zugehörigkeit bei Personen aus. "Whose" wird immer von einem Substantiv begleitet.

Bill Gates, **whose company** Microsoft makes billions every year, is the richest man in the world.	*Bill Gates, **dessen Firma** Microsoft jedes Jahr Milliarden erwirtschaftet, ist der reichste Mann der Welt.*

"Of which"
Möchtest du Zugehörigkeit oder Besitz bei Dingen zum Ausdruck bringen, nimmst du besser das nachgestellte "of which". Dies klingt allerdings sehr formal und ist daher vor allem im schriftlichen Sprachgebrauch zu finden.

The American car producers Ford and General Motors, **both of which** are located in Detroit, face a crisis.	*Die amerikanischen Autohersteller Ford und General Motors, die beide (= von denen beide) in Detroit ansässig sind, stecken in einer Krise.*

"Which" als satzbezügliches Relativpronomen

"Which" muss sich nicht unbedingt auf ein Substantiv beziehen, sondern kann auch einen ganzen Satz bzw. die ganze Handlung als Bezugspunkt haben. Im letzteren Fall ist es immer ein nicht notwendiger Relativsatz.

"which" als das Substantiv bestimmende Relativpronomen	"which" als satzbezügliches Relativpronomen
Laura was wearing a short T-shirt, which some of the boys in class liked. *Laura trug ein kurzes T-Shirt, das/welches (= das T-Shirt) einigen der Jungen in der Klasse gefiel.*	Laura was wearing a short T-shirt, which some of the boys in class liked. *Laura trug ein kurzes T-Shirt, was (= die Tatsache, dass sie es trug) einigen der Jungen in der Klasse gefiel.*

Relativpronomen bei Verben mit einer Präposition

Bei Verben mit einer Präposition kann die Präposition an mehreren Stellen des Satzes stehen. Die Präposition kann mit dem Relativpronomen die Objektstelle besetzen, d. h. an den Anfang des Relativsatzes wandern. Sie kann aber auch hinter dem Verb stehen bleiben.

That's the CD **to which** I was listening.
That's the CD **which** I was listening **to.**
That's the CD I was listening **to.**

Das ist die CD, die ich (mir) gerade anhörte.

Wird bei notwendigen Relativsätzen das Relativpronomen weggelassen, muss die Präposition am Ende stehen!
Nach der Präposition "to" kann bei Personen die etwas altmodische Form "whom" stehen.

Achtung

Wissen kurz gefasst ✓

- "Who", "whose" und "whom" werden als Relativpronomen für Personen verwendet, "which" für Dinge.
- "Which" kann sich auch auf einen Satz beziehen.
- "That" kann sowohl für Personen als auch für Dinge gebraucht werden. Allerdings kann "that" nur in notwendigen Relativsätzen eingesetzt werden.
- Bei Verben, die eine Präposition nach sich ziehen, kann diese an verschiedenen Stellen des Relativsatzes stehen.

"If"-Sätze

"If"-Sätze bestehen aus einem Haupt- und einem Nebensatz. Im Nebensatz wird mit "if" eine Bedingung formuliert, die erfüllbar oder unerfüllbar sein kann. Es gibt – je nach Erfüllbarkeit der Bedingung – drei unterschiedliche Typen von "if"-Sätzen.

Typ I: Bedingung erfüllbar

Bei diesem Typ des Bedingungssatzes steht der "if"-Satz im *simple present*. Die Bedingung bezieht sich daher auf Gegenwart oder Zukunft und ist somit prinzipiell erfüllbar. Beim Hauptsatz steht das *will-future*. In diesem wird eine Folge für die Zukunft ausgedrückt, die eintritt, wenn die Bedingung erfüllt ist.

"if"-Satz *(simple present)*	Hauptsatz *(will-future)*
If it **rains**, *Wenn/ Falls es regnet,*	we **will chat** on the internet. *chatten wir im Internet.*
If the experiment **works**, *Wenn das Experiment funktioniert,*	you **will see** a white flame. *werdet ihr eine weiße Flamme sehen.*

Achtung

Im Deutschen wird das Wort „wenn" für zwei Wörter im Englischen benutzt: "if" und "when".
"If"drückt eine Möglichkeit aus und kann im Deutschen daher auch gut mit dem Wort „falls" wiedergegeben werden. Nur mit "if" wird eine Bedingung formuliert!
"When" hat dagegen immer etwas mit einem Zeitpunkt zu tun („dann, wenn ...").

If I arrive before 10.30, I will give you a call. – *Falls ich vor 10.30 Uhr ankomme, rufe ich dich an.*
When I arrive, I will give you a call. – *Wenn ich ankomme, rufe ich dich an.*

Typ II: Bedingung möglich, aber unwahrscheinlich

Der "if"-Satz steht im *simple past*. Die im "if"-Satz formulierte Bedingung bezieht sich auf Gegenwart oder Zukunft und ist somit prinzipiell möglich, doch ziemlich unwahrscheinlich. Im Hauptsatz verwendest du das *conditional* ("would" + Infinitiv).

"if"-Satz *(simple past)*	Hauptsatz *(conditional)*
If he **found out** the truth about you and Tracy, *Wenn er die Wahrheit über dich und Tracy herausfände,*	you **would be** in trouble. *würdest du Ärger bekommen.*
If I **were** you, *An deiner Stelle*	I **wouldn't laugh** about that. *würde ich nicht darüber lachen.*

Im "if"-Satz darf niemals "would" stehen! Dies gilt für alle "if"-Satz-Typen. Der Konjunktiv, den man im Deutschen verwendet, wird im Englischen über die Vergangenheitsform des Verbs ausgedrückt.

Achtung

Typ III: unerfüllbare Bedingung

Während sich die "if"-Sätze Typ I und II auf die Zukunft beziehen, blicken "if"-Sätze des Typs III auf die Vergangenheit zurück. Das Ergebnis einer Handlung ist also schon bekannt und kann nicht mehr verändert werden. Die Bedingung drückt daher eher aus, was gewesen sein könnte bzw. sollte.
Der "if"-Satz steht daher im *past perfect* ("had" + *past participle*). Im Hauptsatz folgt das *conditional perfect* ("would have" + *past participle*).

"if"-Satz *(past perfect)*	Hauptsatz *(conditional perfect)*
If I **had not fallen** in love with Jamie, *Wenn ich mich nicht in Jamie verliebt hätte,*	I **would have noticed** her strange behaviour. *hätte ich ihr merkwürdiges Verhalten bemerkt.*
If Ben **had not seen** her taking drugs, *Wenn Ben nicht gesehen hätte, wie sie Drogen nahm,*	I **wouldn't have believed** it. *hätte ich es nicht geglaubt.*

Neben "would" können im Hauptsatz auch andere Hilfsverben wie z. B. "might", "could", "should" gebraucht werden, um mögliche Folgen auszudrücken.

Wissen kurz gefasst ✓

- "If"-Sätze bestehen aus einem Nebensatz, der eine Bedingung formuliert, und einem Hauptsatz, der eine Folge ausdrückt. Je nach Erfüllbarkeit der Bedingung musst du unterschiedliche Zeiten verwenden.
- Im Nebensatz mit "if" darf niemals "would" stehen!

Präsentieren

Zu den zentralen Erfordernissen im Englischunterricht gehört es, ein Thema präsentieren zu können. Dabei können verschiedene Medien, z. B. ein Computer, eingesetzt werden.

Eine Präsentation erarbeiten und halten

Präsentationen *(presentations)* nehmen einen großen Stellenwert im Unterricht ein. Die folgenden zehn goldenen Regeln können dir bei der Vorbereitung und Durchführung einer Präsentation nützlich sein:

Vorbereitung:
(1) Erstelle zunächst eine ungeordnete Stoffsammlung. Fasse einzelne Punkte zusammen und **gliedere die Argumentation.** Es ist durchaus sinnvoll, auch Gegenargumente zu sammeln, um einen Gegenstand umfassend darstellen zu können. (2) Um überzeugend zu wirken, solltest du jedes Argument mit einem **Beispiel** belegen. (3) Suche nach **passenden Photos, Karten** oder **Dingen,** um deinen Vortrag visuell zu unterstützen und anschaulich zu machen. Recherchiere nicht nur im Internet! Bücher haben vielfach Sachverhalte bereits optimal aufbereitet. Manchmal kann man damit viel Zeit sparen statt sinnlos auf nicht immer verlässlichen Seiten zu surfen! (4) Schreibe dir **Stichworte auf Englisch** – keine ganzen Sätze – auf Karteikarten, um nicht Gefahr zu laufen, in der Aufregung alles abzulesen. Achte auf die **Aussprache** von **schwierigen Wörtern.** Notfalls musst du sie im Lexikon nachschauen. Erstelle ein **Handout** mit den wichtigsten Fakten. (5) **Übe deine Präsentation ohne Zuschauer** mehrere Male. Vielleicht kannst du dich vor dem Spiegel selbst beobachten oder die Präsentation auch deinen Familienmitgliedern vortragen.

Durchführung:

(6) Beginne erst, wenn du alle Materialien bereitliegen hast. Arbeitest du mit Overheadfolien, dann lege die erste Folie auf den Projektor und kontrolliere, ob dieser an der richtigen Stelle steht. Benutzt du einen Laptop, schließe erst alle Geräte an und starte das Programm, mit dem du arbeiten möchtest. Schreibe wichtige und unbekannte Vokabeln für deine Mitschüler an die Tafel.
(7) Informiere deine Zuhörer über das, was sie zu erwarten haben (Gegenstand, Gliederung).
(8) Sprich laut und deutlich. Achte darauf, nicht zu schnell zu reden.
(9) Halte Blickkontakt mit deinen Zuhörern. Dies geht nur, wenn du möglichst frei vorträgst. Vermeide es (auch wenn es schwerfällt), auf die Projektionsfläche hinter dir zu schauen. Du siehst die Bilder, die deine Zuhörer groß sehen, auf dem Overheadprojektor bzw. im Computer.
(10) Achte auf eine angemessene Körperhaltung. Es macht beispielsweise einen schlechten Eindruck, wenn du eine Hand in die Hosentasche steckst. Tipp: Deine Hände könnten die Karteikarten festhalten – so machen es Profis!

Präsentationsprogramme wie PowerPoint verführen dazu, sämtliche technischen Möglichkeiten auszunutzen. Denke aber daran, dass du nicht das Programm vorstellen sollst, sondern dass dieses nur ein Hilfsmittel für deinen Gegenstand ist!

- Vermeide es, einzelne Buchstaben, Worte oder Textbestandteile mit Effekten einfließen zu lassen!
- Verwende nicht zu viele Folien, sondern lasse einige wenige auf deine Zuhörer wirken.
- Schreibe nicht zu viel Text auf deine Folien! Man kann nicht gleichzeitig viel lesen und dir zuhören. Es sollten nur Stichworte auf der Folie zu sehen sein, die als Merk- und Strukturierungshilfen dienen.

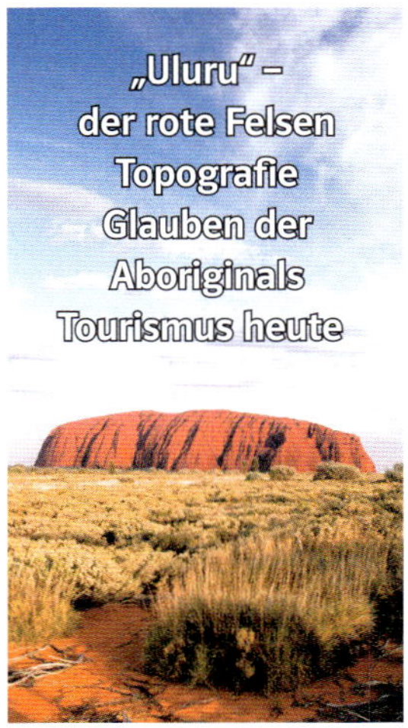

Vergiss nicht: **Das wichtigste Medium bist du selbst!**

Wissen kurz gefasst ✓

- Präsentationen müssen gut vorbereitet sein: Übung macht den Meister.
- Achte auf eine verständliche Sprache und einen angemessenen Medieneinsatz. Präsentationsprogramme sollten mit Sinn und Verstand eingesetzt werden.

Erörtern (einen *comment* schreiben)

Erörterungen *(comments)* erfordern eine argumentative Auseinandersetzung mit einer These oder Fragestellung. Hierbei musst du auf einen geordneten Aufbau achten. Darüber hinaus solltest du bestimmte sprachliche Signale verwenden, um deinen Text zu gliedern.

Anforderungen

Meist dreht es sich um Themen, die unterschiedlich betrachtet werden können, so dass also keine vorgegebene Schlussfolgerung festgelegt ist. Es ist daher deine Aufgabe,

- selbst Argumente und Gegenargumente mit Beispielen zu finden,
- diese entsprechend zu gewichten und
- zu einem persönlichen Fazit zu gelangen.

Ein Tipp:

Entkräfte die Gegenargumente gleich am Anfang, damit der Leser deine Position als letztes vor Augen hat und dadurch überzeugt wird.

Ein Beispiel soll veranschaulichen, wie du am besten vorgehst. Thema: "Would you like to spend a school year abroad? Discuss!"

Einleitung (Beispiel/Frage, Aufgabenstellung)	On Thursday last week various possibilities of spending a year abroad were presented at school. When discussing the matter with my parents, my father thought going away was a good idea, but my mother was strictly against it. **Is it really worth trying?**
Gegenargumente entkräften	Some people – including my mother – **point** out that you might be quite lonesome. **That is probably true.** If you are rather shy and have difficulties with finding new friends, I would not recommend going alone to a foreign school. **However,** personally I find it rather easy to mix with new people.
Argumente mit Beispielen	In my opinion, one could really benefit from such a year. **Think of** how much you can learn about the foreign country and its people, their culture and daily life. **What is even more important is the fact** that there is no other way of learning another language, **for example** English. You only have to compare the hours you speak English at home with the endless opportunities in England or the United States.
Schlussfolgerung	**Summing up,** the advantages of such a stay **outweigh** possible negative experiences. If my parents let me go, I will take the chance.

Bilder beschreiben

Bilder zu beschreiben und interpretieren ist im Englischunterricht unerlässlich. Dafür solltest du das notwendige Vokabular beherrschen.

Anforderungen

Die Entschlüsselung eines Cartoons oder eines Fotos erfordert zunächst eine genaue Beschreibung dessen, was in welchem Teil des Bildes zu sehen ist. Für Bildbeschreibungen musst du das *present progressive* verwenden!
Erst nach der Beschreibung erfolgt die Deutung. Hier solltest du (1) auf die Absicht des Künstlers eingehen (z. B. the cartoonist makes fun of/criticizes …, the character stands for/symbolizes …), (2) die Umstände der Entstehung erläutern (z. B. den konkreten politischen Anlass).

Eine Beschreibung des Cartoons könnte so lauten:
The cartoon shows a classroom in an Australian school: In the background you can see the Australian flag and the picture of a kangaroo. There are several pupils dressed in school uniforms focussing on the boy in the centre of the cartoon, obviously of Aboriginal origin, wearing traditional clothing and bodypaint. He is not, as we see from the speech bubbles, strange or exotic, but he is a kid just like his classmates, only "working in the tourist industry" and dressed traditionally in order to fulfill the tourists' expectations. The general idea of the cartoon is to make fun of the onlooker's clichés and prejudices about today's Aboriginals.

Wissen kurz gefasst ✓

- **Achte beim Verfassen einer Erörterung auf einen geordneten Textaufbau (Einleitung, argumentativer Hauptteil mit Beispielen, Schlussfolgerung).**
- **Bei Bildbeschreibungen beschreibst du zuerst genau, was du siehst, dann kannst du zu einer Deutung übergehen.**

Zeitungsnachrichten verfassen

Jede Zeitung hat ihr eigenes Profil hinsichtlich der Aufmachung und des Sprachstils. Prinzipiell lassen sich seriöse Zeitungen von Boulevardblättern unterscheiden.

Merkmale seriöser Zeitungen

Seriöse Zeitungen weisen vor allem folgende Merkmale auf:

- Die Texte zeichnen sich durch eine knappe, aber nicht reißerische Überschrift aus. Diese ist in der Regel fett und mit einer anderen Schriftgröße gedruckt, um die Aufmerksamkeit des Lesers zu wecken.
- Das Wichtigste kommt stets zuerst. Zuweilen wird der Kern der Nachricht in einem knappen abgehobenen Text vorangestellt.
- Der Stil ist sachlich, die Berichterstattung objektiv.

Ein Artikel zum Amoklauf zweier Schüler an der Columbine High School könnte folgendermaßen aussehen:

New York Times

21st April 1999

Teenagers kill 13 people at Columbine High

(ap) Littleton, Colorado **– Two teenage students, Eric Harris and Dylan Klebold, turned their school into a scene of horror, killing 12 students and a teacher. 23 people were injured, too, before the shooters turned their guns on themselves.**

After a failed attempt to bring propane bombs to explosion in the school cafeteria, Harris and Klebold opened fire with their guns at 11.19 a.m.

Continuing their rampage in the library of Columbine High School, they were disturbed by the local police deputy sheriff who called for assistance immediately.

SWAT teams tried to help students and wounded victims to escape from the building. By 3.30 p.m. officials found the dead bodies of Harris and Kleebold in the library where they had shot themselves.

The incident is the deadliest school shooting in the history of the US. It provoked a debate about gun ownership and youth violence.

Merkmale von Boulevardzeitungen

Im Gegensatz zu einer seriösen Berichterstattung setzen Boulevardzeitungen weniger auf objektive Information, sondern eher auf Dramatik und emotionale Effekte. Typische Elemente sind:

- eine zupackende, möglichst reißerische Überschrift in Riesenlettern,
- Herausgreifen eines Einzelschicksals, an dem die ganze Nachricht verdeutlicht wird,
- häufig direkte Rede, um zu suggerieren, unmittelbar im Geschehen zu sein,
- umgangssprachliche Ausdrücke, manchmal sogar Slang, vulgäre Ausdrücke etc.,
- zusammengesetzte Substantive, die einen Sachverhalt verdichten,
- Nennung der beteiligten Personen beim Vornamen, um Vertrautheit zu vermitteln.

Ein entsprechender, vergleichbarer Artikel auf der Titelseite einer Boulevardzeitung könnte folgendermaßen lauten:

TODAY

Monday * 21st April 1999

MASSACRE at Columbine High !!!

Shooters' suicide after killing 13 and leaving 24 wounded

Michael J. couldn't believe his eyes when he saw his two fellow students Eric Harris and Dylan Klebold pull their guns. "Go, go," the first shooter yelled, causing panic in the school cafeteria.
Michael witnessed his friend Daniel R. being shot down next to him. Wounded he managed to escape.

The shooters went into the library, shooting around them and throwing pipe bombs. Surrounded by SWAT teams they finally put their guns on themselves.
12 students and a teacher lost their lives in this massacre. Michael was one of the lucky ones.

Wissen kurz gefasst ✓

Seriöse Zeitungen berichten sachlich und objektiv über einen Gegenstand, Boulevardblätter setzen dagegen auf Dramatik und Einzelschicksale. Auch die Aufmachung der Zeitungen ist charakteristisch.

Private Briefe schreiben

Private und formale Briefe unterscheiden sich im Stil deutlich voneinander. Private Briefe ähneln stilistisch der gesprochenen Sprache. Darüber hinaus ist zu beachten, dass Briefe im Englischen deutlich von deutschen Gepflogenheiten abweichen.

Formale Unterschiede zwischen deutschen und englischen Briefen

Im Gegensatz zum Deutschen schreibt man in einem englischen Brief die eigene Adresse **rechts** oben hin. Der eigene Name bleibt in der Regel unerwähnt. Etwas abgesetzt folgt das Datum, das ebenfalls auf die rechte Seite kommt.

Anrede

Die englische Sprache kennt keine Unterscheidung zwischen „Liebe/-r …" und „Sehr geehrte/-r …". Hier steht, egal wie gut du den Adressaten kennst:

Dear …

Wichtig: In der nächsten Zeile geht es mit einem Großbuchstaben weiter!

Stil

Private Briefe entsprechen einer informellen mündlichen Kommunikation. Daher finden sich typische Elemente der gesprochenen Sprache auch hier, z. B. umgangsssprachliche Ausdrücke wie "what about you" oder Kurzformen wie "didn't, aren't".

Briefende

Beendest du einen Brief, kannst du folgende Wendungen (gefolgt von Punkt oder Komma) benutzen:

Please write back soon.
Say hello to … for me.
Give my love to … .

Zuletzt folgt die Grußformel (großgeschrieben), hinter der immer ein Komma steht, bevor der Name folgt:

Take care,
All the best,
Love,
Best wishes,

Ein Beispiel für einen privaten Brief könnte folgendermaßen aussehen:

86 Ocean Drive
Miami, Fl 22461

September 20th, 2007

Dear Ellen,

Sorry for bothering you with a problem, but you are still my best friend.
My parents – I fear – are going to be divorced. Dad and Mum are quarrelling about almost everything, so Dave and I have a really hard time. If they split, I don't really know who to live with. Anyhow, it's still a secret, so please don't tell anybody.

But what about you? Are you still going out with this handsome guy I always envied you for? Thank God I didn't meet him before you fell in love with him. Probably we both would have fought for him.

Please write back soon,

Love,
Sarah

Wissen kurz gefasst ✓

- Private Briefe verwenden Elemente der gesprochenen Sprache (z. B. Kurzformen).
- Vergiss nicht eine Wendung und Grußformel am Ende des Briefs.

Formale Briefe schreiben

Formale Briefe sind gekennzeichnet durch formale Merkmale und einen ausgesprochen schriftsprachlichen Stil. Typische formale Briefe sind Bewerbungsschreiben und Leserbriefe.

Adresse
Wie in privaten Schreiben steht die eigene Adresse rechts oben. Außerdem fügst du die Anschrift des Adressaten links ein.

Datum
Es gibt verschiedene Möglichkeiten, das Datum zu schreiben:

15 October 2007	*October 15, 2007*
15th October 2007	*October 15th, 2007*

Achte auf die Zeichensetzung. Nur bei der nachgestellten Zahl wird ein Komma gesetzt! Vermeide es, das Datum nur mit Zahlen zu schreiben, da je nach Kulturkreis die erste Zahl den Monat oder den Tag bedeuten kann.

Betreffzeile
Die Betreffzeile besteht häufig nur aus einem Halbsatz oder auch nur einem Wort. Diese fasst das Anliegen des Briefes zusammen.

Anrede
Bei der Anrede solltest du nach Möglichkeit den Namen dessen nennen, an den der Brief gerichtet ist. Falls er unbekannt ist, verwende folgende Formulierung:

Dear Sir or Madam,

Stil
Der gehobene Stil wird an Grammatik und Wortwahl deutlich. Kurzformen wie "I'm" oder "didn't" sind in einem förmlichen Brief nicht üblich!

Briefende
Formulierungen wie "I look *(simple present!)* forward to hearing from you" schließen den Textkörper ab. Danach folgt die Grußformel mit Komma" (Yours) sincerely", bzw. "Yours faithfully", sowie gegebenfalls Anlagen ("Enc." für " enclosures").

Typische formale Briefe sind Bewerbungsschreiben (letter of application) oder Leserbriefe (letter to the editor). Hier ein Beispiel für eine Bewerbung:

15 Nottingham Court Road
York
Y05 136
England

John F. Kennedy High School
P.O. Box 2326
New York City, NY 24579

February 10th, 2007

Application for a high school year abroad

Dear Sir or Madam,
With respect to your formal requirements I would like to apply in written form for a year abroad at John F. Kennedy High School.

As requested, I enclose my CV, a letter of recommendation from a teacher of mine and last year's report which will allow you to assess my qualifications.

I look forward to hearing from you.

Yours sincerely,

Peter O'Neill

Enc. (CV, letters)

Wissen kurz gefasst ✓

- Formale Briefe enthalten gegenüber privaten Schreiben die Adresse des Empfängers, eine Betreffzeile und Anlagen. Darüber hinaus sind andere Anrede- und Abschiedsformeln zu verwenden.
- Achte auf die richtige Datumsschreibweise und einen angemessen formalen Stil.

Kurzgeschichten interpretieren

Bei der Interpretation von Kurzgeschichten *(short stories)* fragt man in der Regel nach *setting* (Zeit, Ort des Geschehens), der Handlung *(plot)*, den Protagonisten *(characters)*, Wendepunkten *(unexpected twists, turning points)* und der Art des Schlusses: *open ending, surprise ending* oder *dénouement* (Auflösung). Abschließend wird über die tieferliegende Bedeutung *(message)* nachgedacht.

Hintergrund bzw. Thema der folgenden Shortstory ist die Problematik der illegalen Einwanderer in die USA, insbesondere der Mexikaner, die meist ohne Arbeitserlaubnis ihr Dasein fristen.

title foreshadowing the short story's topic	**Deportation at breakfast**
setting: coffee shop, family-run, old-fashioned	The signs on the windows lured me inside. For a dollar I could get two eggs, toast, and potatoes. The place looked better than most – *family-run and clean. The signs were hand-written and neat. The paper had yellowed* a little, but the black letters remained bold. The name "Clara's" was written on a green-and-white awning over the door. Inside, the place had an appealing and *old-fashioned look.* (...)
early in the morning	Because I was alone, I sat at the counter, leaving the empty tables free for other customers that might come in. At the time, business was quiet. Only two tables were occupied, and I was alone at the counter. *But it was still early – not yet 7:30.*
characters: Javier – name and physical appearance indicate Mexican background	Behind the counter was a short man *with black hair, a mustache, and a youthful beard, one that never grew past stubble. He was dressed all in chef's white – pants, shirt and apron, but no hat. He had a thick accent. The name "Javier"* was on his shirt. [...] The coffee was hot, strong, and fresh. I spread my newspaper and sipped at the mug as Javier went to the grill to cook my meal.
turning point: Javier's arrest (without giving any reason)	The eggs were spread out on the griddle, the bread plunged inside the toaster, *when the authorities came in. They grabbed Javier quickly and without a word, forcing his hands behind his back. He, too, said nothing. He did not resist, and they pushed him out the door and into the waiting car.* On the grill, the eggs bubbled. I looked around for another employee – maybe out back somewhere, or in the restroom. [...]. Two elderly men sat at one table; two elderly women at the other. The two women were talking. The men were reading the paper. They seemed not to have noticed Javier's exit.

I could smell my eggs starting to burn. I wasn't quite sure what to do about it. I thought about Javier and stared at my eggs. *After some hesitation, I got up from my red swivel stool and went behind the counter. I grabbed a spare apron, then picked up the spatula and turned my eggs. My toast had popped up, but it was not browned, so I put it down again. While I was cooking, the two elderly women came to the counter and asked to pay. I asked what they had had. They seemed surprised that I didn't remember. I checked the prices on the chalkboard and rang up their order.* They paid slowly, fishing through large purses, and went out, leaving me a dollar tip. [...] As I began to come back behind the counter to my stool, six new customers came through the door. "Can we pull some tables together?" they asked. "We're all one party." *I told them yes.* Then they ordered six coffees, two decaffeinated. I thought of telling them I didn't work there. But perhaps they were hungry. I poured their coffee. Their order was simple: six breakfast specials, all with scrambled eggs and wheat toast. I got busy at the grill.	**another turning point:** narrator takes up Javier's role
Then the elderly men came to pay. *More customers began arriving. By 8:30, I had my hands full. With this kind of business, I couldn't understand why Javier hadn't hired a waitress. Maybe I'd take out a help-wanted ad in the paper tomorrow. I had never been in the restaurant business. There was no way I could run this place alone.*	**surprise ending:** narrator is going to hire a waitress as he sees himself already as the new boss of the restaurant

Eine knappe Interpretation könnte folgendermaßen lauten:

The story is about the situation of immigrants living illegally in the United States. Javier *stands* for the numerous people with Hispanic background who have no Green Card (= working permit), are without any rights and are always on the run. As *symbolized* by the customers and the narrator in the story, no one seems to care about them. They are replaced immediately and they seem to see themselves as replacable, too. *The author wants to* raise our awareness about these people's fate.

Wissen kurz gefasst ✓

- Kurzgeschichten werden immer nach demselben Schema untersucht.
- Besondere Aufmerksamkeit widmet man dem Anfang *(setting)* und dem Schluss *(ending)*.
- Die einordnende Deutung der Geschichte setzt eine genaue Analyse der Handlung *(plot)* und der Charaktere *(characters)* voraus.

Gerunds und *participles*

Gerunds und *participles* sind ein Bereich der Grammatik, der immer wieder Schwierigkeiten bei der Übersetzung macht. Dies liegt einerseits daran, dass das *gerund* und das *present participle* gleich aussehen. Andererseits fällt die Übersetzung schwer, weil bei beiden Konstruktionen aus einem englischen Wort vielfach ein ganzer Nebensatz im Deutschen gebildet werden muss.

Übersetzung des *gerund* als Infinitiv oder Substantiv

Gerunds sind substantivierte Verben (Verb + "-ing"), die anstelle eines Subjekts oder Objekts stehen. Sie werden nach bestimmten Verben und besonders häufig nach Präpositionen gebraucht.
Da das *gerund* Eigenschaften sowohl eines Verbs als auch eines Substantivs hat, kann es in der Regel auf verschiedene Weisen übersetzt werden. Als Substantiv ersetzt es im Deutschen das Subjekt oder ein Objekt. Möchtest du es als Verb in einen deutschen Satz einsetzen, gebrauchst in der Regel einen Infinitiv + „zu".

The Aboriginals cannot get used to living in towns.

als Verb	als Substantiv
*Die Aboriginals können sich nicht daran gewöhnen, **in Städten zu leben.***	*Die Aboriginals können sich nicht an **das Leben in den Städten** gewöhnen.*

Übersetzung des *gerund* als Nebensatz

In manchen Fällen ist es allerdings möglich oder sogar notwendig, das *gerund* mit einem eingebetteten Satz mit „dass" oder anderen Konjunktionen zu übersetzen. Dies gilt insbesondere dann, wenn das *gerund* ein eigenes Subjekt besitzt.

englisch: *gerund*	deutsch: Nebensatz
I'm afraid of **being told** lies by Tom.	*Ich habe Angst davor, **dass Tom mich anlügt.***
In spite of **knowing** the truth, he pretended that he was happy.	***Obwohl er die Wahrheit wusste,** gab er vor, glücklich zu sein.*
There is no possibility of my parents **coming** home earlier.	*Es gibt keine Möglichkeit, **dass meine Eltern früher nach Hause kommen.***

Die Übersetzung von Partizipien

Man unterscheidet grundsätzlich zwischen *present participles*, die die gleiche Form wie *gerunds* haben, und *past participles*, also der dritten Verbform. Schwierigkeiten können auftauchen, wenn *participles* finite Verformen in Relativsätzen bzw. temporalen, kausalen oder konzessiven Nebensätzen ersetzen und diese verkürzen. Diese Verkürzung kann im Deutschen nicht vollzogen werden.

Achtung

Present participles sind aktive Verbformen und müssen daher aktivisch übersetzt werden. *Past participles* sind dagegen passive Verbformen, deren passive Grundbedeutung auch im Deutschen beibehalten wird.

englisch: **durch Partizipien verkürzte Nebensätze**	**deutsch:** **ausformulierte Nebensätze**
Although **living** in the USA for 10 years, Mrs Raskov spoke very little English.	***Obwohl sie*** *seit 10 Jahren in den USA* ***lebte****, sprach Mrs Raskov wenig Englisch.*
When **arrested** for the first time, Martin Luther King worried about his family.	***Als*** *Martin Luther King das erste Mal* ***verhaftet wurde****, machte er sich Sorgen um seine Familie.*

Wenn keine Konjunktion anzeigt, um was für einen Nebensatz es sich handelt, musst du aus dem Kontext erschließen, welche Sinnrichtung der Satz hat.

Blown by the wind, the flames soon reached the roof.

Nachdem/weil *die Flammen vom Wind angefacht worden waren, erreichten sie bald das Dach.*

Wissen kurz gefasst ✓

- *Gerunds* können vielfach als Infinitiv oder als Substantiv übersetzt werden. In manchen Fällen muss aus dem *gerund* im Deutschen ein Nebensatz werden.
- *Participles* verkürzen häufig Nebensätze. Bei der Übersetzung muss diese Verkürzung rückgängig gemacht werden.

Das Passiv

Passivsätze müssen nicht immer passivisch übersetzt werden, sondern können auch in einen Aktivsatz umgeformt werden. Besondere Passivkonstruktionen erfordern eigene Strategien.

Übersetzung als deutscher Aktivsatz

Natürlich ist es möglich, eine englische Passivkonstruktion auch als solche zu übersetzen. Passivsätze sind jedoch im Englischen weitaus gebräuchlicher als in der deutschen Sprache, so dass manchmal aus stilistischen Gründen eine aktivische Übersetzung besser klingt.

Achtung

In einigen Fällen müssen bei der Übersetzung Subjekt und Objekt des Passivsatzes getauscht werden! Manchmal hilft dir im Deutschen das unpersönliche Subjekt „man".

englischer Passivsatz	deutscher Aktivsatz
Harry was given a lift from Oxford to London by John.	*John nahm Harry von Oxford nach London mit.*
Naomi's father was taken for a popular talk-show host.	*Man hielt Naomis Vater für einen beliebten Talkmaster.*

Übersetzung besonderer Passivkonstruktionen

Bei den Passivkombinationen Subjekt + "is said to/are supposed to" + Infinitiv ist es ebenfalls sinnvoll, dies im Deutschen durch eine unpersönliche Subjektkonstruktion oder einen Einschub wiederzugeben.

The president **is said to** resign soon.	***Man sagt,*** *der Präsident trete bald zurück./Der Präsident –* ***so heißt es*** *– trete bald zurück.*
Kevin **is considered to** be the best pupil in Maths.	***Man hält*** *Kevin für den besten Schüler in Mathe.*

Present perfect und *progressive*-Zeiten

In der Regel kannst du die englischen Zeiten durch die gleiche Zeitform im Deutschen übersetzen. Schwierigkeiten bereiten aber oft das *present perfect* und die *progressive*-Zeiten, die keine exakte Entsprechung haben.

Present perfect

Das *present perfect* wird für Handlungen verwendet, die in der Vergangenheit begonnen haben und in der Gegenwart noch andauern bzw. deren Ergebnisse noch spürbar sind. Daher musst du überlegen, ob du das *present perfect* besser im Perfekt oder Präsens im Deutschen wiedergegeben möchtest.

The standard of living **has been improved** today.	*Der Lebensstandard hat sich heute verbessert.* *Der Lebensstandard ist heute besser.*

Progressive-Zeiten

Um *progressive*-Zeiten von den einfachen Zeitformen (*simple past, simple present* etc.) abzuheben, kann man ein Adverb – meist „gerade" – hinzufügen.

Sue **was having** a shower when Sarah rang.	*Sue **war gerade** unter der Dusche, als Sarah anrief.*

Die Übersetzung der Zeiten erfordert genaues Hinsehen, da ein einzelner Buchstabe schon zu einem völlig veränderten Sinn bzw. einem ganzen Fehler führen kann. Achte insbesondere auf die Unterschiede bei den verschiedenen Zeiten für die Vergangenheit.

past perfect	She **had** come home.	*Sie **war** nach Hause gekommen.*
simple past	She **came** home.	*Sie **kam** nach Hause.*
present perfect	She **has** come home.	*Sie **ist** nach Hause gekommen.*

Wissen kurz gefasst ✓

- Passivkonstruktionen können durchaus auch als Aktivsätze übersetzt werden.
- Das *present perfect* kann im Deutschen entweder durch Präsens oder Perfekt wiedergegeben werden.
- *Progressive*-Zeiten können durch das Adverb „gerade" verdeutlicht werden.

Veränderung der Wortart oder Satzstruktur

Nicht immer ist es günstig oder möglich, die Struktur des Englischen im Deutschen genauso zu übernehmen. Es kann viel geschickter sein, wenn du die Wortart veränderst oder auch einen langen Satz auseinander nimmst und in zwei Sätzen wiedergibst.

Veränderung der Wortart

Übersetzen ist sicherlich keine Tätigkeit, bei der man eine exakte Kopie eines Satzes in einer anderen Sprache erstellt. Dies ist aufgrund der vielen grammatischen Besonderheiten jeder Sprache auch gar nicht möglich. Daher ist es durchaus ratsam – manchmal sogar notwendig –, die Wortart zu wechseln.

The man was a **stranger** in the neighbourhood.	*Der Mann war in dem Viertel **fremd**.*
Kim and Sally had **breakfast** at 7 o'clock.	*Kim und Sally **frühstückten** um 7 Uhr.*

Folgende, häufig vorkommende Verben können beispielsweise elegant durch ein entsprechendes Adverb übersetzt werden.

englisches Verb	deutsches Adverb
to appear to	*anscheinend*
to be afraid to	*leider*
to happen to	*zufällig*
to hope to	*hoffentlich*
to be likely to	*wahrscheinlich*
to be sure to	*sicherlich*
to fail to	*nicht*
to like/ love to	*gern*
to prefer to	*lieber*
to pretend to	*angeblich*
to seem to	*scheinbar*
to suppose to	*vermutlich*
used to	*früher*

Tom **failed to** pass the exam.	*Tom schaffte die Prüfung **nicht.***
Dave pretends to get £70 pounds as pocket money every month.	***Angeblich** bekommt Dave 70 Pfund Taschengeld im Monat.*
Lucy **happened to** bump into Steve in Chicago.	*Lucy traf Steve **zufällig** in Chicago.*
I **hope to** find a temporary job for the summer months.	***Hoffentlich** finde ich für die Sommermonate einen Ferienjob.*

Mitunter kann man sogar mit einem Wortartwechsel aus einer **doppelten Verneinung** eine **positive** Aussage machen.

Naomi **has no difficulty** in learning languages.	*Naomi **fällt es leicht,** Sprachen zu lernen.*

Veränderung der Satzstruktur

Partizipialkonstruktionen und andere grammatische Strukturen ermöglichen teilweise sehr lange und verschachtelte Sätze, bei denen man bei der Übersetzung leicht den Überblick verliert. Eine Strategie, dies zu vermeiden, ist, aus einem Satz zwei zu machen.

The black population of Montgomery stayed off the buses, either walking or catching one of the black taxis stopping at every bus stop for 10 cents per customer – the standard bus fare.	*Die schwarze Bevölkerung von Montgomery blieb den Bussen fern. Sie liefen entweder oder sie nahmen eines des schwarzen Taxis, die an jeder Bushaltestelle hielten, für 10 Cent pro Kunde – dem normalen Busfahrpreis.*

Wissen kurz gefasst ✓

- Durch Veränderung der Wortart oder der Satzstruktur kann man stilistisch teilweise bessere Übersetzungen erreichen.
- Eine Reihe von Verben können im Deutschen gut als Adverb wiedergegeben werden.
- Um ein Verheddern bei der Übersetzung von verschachtelten Sätzen zu vermeiden, prüfe, ob du mehrere Sätze daraus machen kannst.

Merkmale eines guten Stils

Ein guter Stil lässt sich an bestimmten grammatischen Konstruktionen, einem differenzierten, strukturierenden Wortschatz, der Fähigkeit, Distanz zu einer Textvorlage zu schaffen und einem variantenreichen Satzbau deutlich erkennen.

In einem stilistisch guten Text sind mehrere der folgenden Konstruktionen enthalten:

gerunds
participles
Passiv
Inversion
emphatic "do"

Gerunds

In vielen Situationen kann ein Infinitiv oder ein *gerund* verwendet werden. Stilistisch eleganter ist in der Regel das *gerund*. Dies gilt für die Stellung nach bestimmten Verben, insbesondere aber nach den Substantiven wie z.B. "reason" oder "way".

Achtung

Nach den Substantiven "possibility", "difficulty", "danger" und "risk" muss ein *gerund* stehen!

I **loved** to watch/**watching** the new "James Bond" movie.	*Ich fand den neuen „James Bond"-Film toll.*
There is no **reason** to tell/**for telling** him the whole truth.	*Es gibt keinen Grund, ihm die volle Wahrheit zu sagen.*
You should use the **possibility of looking up** words in your dictionary.	*Ihr solltet die Möglichkeit nutzen, Wörter im Lexikon nachzuschlagen.*

Participles

Partizipien *(present participle, past participle)* können elegant Sätze verkürzen bzw. miteinander verbinden.

After **leaving** Alice Springs, the tourists headed for Darwin.	*Nachdem die Touristen Alice Springs verlassen hatten, nahmen sie Kurs auf Darwin.*
Being impressed by the Australian landscape, they stopped several times.	*Da sie von der australischen Landschaft beeindruckt waren, hielten sie mehrfach an.*

Passiv

Insbesondere unpersönliche Passivkonstruktionen werden genutzt, um einen guten Stil zu erzeugen:

The president **is said to be** not interested in a peaceful solution.	*Man sagt, dass der Präsident an einer friedlichen Lösung nicht interessiert sei.*

Inversion

Nach negativen Adverbien zum Satzbeginn kommt es zu einer veränderten Satzstellung (siehe S. 67):

Hardly did I know him.	*Ich kannte ihn kaum.*

Emphatic "do"

Möchtest du eine Aussage besonders betonen, kannst du der Handlung mit einem vorangestellten "do" Nachdruck verleihen. Nach "do" steht der Infinitiv.

I **do worry** about you.	*Ich mache mir wirklich Sorgen um dich.*

Wissen kurz gefasst ✓

Ein guter Stil lässt sich an der Breite der verwendeten grammatischen Konstruktionen ausmachen. Du solltest versuchen, *gerunds, participles*, Passivkonstruktionen, Inversionen und das emphatische "do" möglichst oft zu gebrauchen.

Wortschatz

Im Wortschatzbereich lässt sich ein guter Stil ebenfalls konkret festmachen. Auf der einen Seite ist eine gewisse Abwechslung zu erwarten, um den Leser nicht mit einer monotonen Ausdrucksweise einzuschläfern. Auf der anderen Seite solltest du deinen Text durch strukturierendes Vokabular für den Leser gliedern.

Abwechslung in der Wortwahl

Natürlich kann man nicht sprachlich variieren, wenn man keine Alternativen kennt. Es reicht häufig aber schon, sich über die Möglichkeiten mit dem Basisvokabular klar zu werden und an Punkten anzusetzen, die immer wieder in deinen Texten vorkommen.

"also"

Das kleine Wörtchen „auch" ist aus keiner Darlegung wegzudenken. Um nicht immer "also" schreiben zu müssen, solltest du an folgende Alternativen denken:

moreover additionally ..., too	as well (n)either ... (n)or on top of that

Jim had seen the bank robber **as well.** **Moreover,** he had looked him in the eyes. **Additionally,** he thought he'd seen the man before.
He didn't know what to do **either.**

Jim hatte den Bankräuber ebenfalls gesehen. Darüber hinaus hatte er ihm in die Augen geschaut.
Ferner dachte er, er hätte den Mann schon vorher einmal gesehen. Er wusste auch nicht, was zu tun war.

"he said ..., he said ..."

Durch endlose Wiederholungen des einleitenden Verbs "said" in der indirekten Rede wirken solche Passagen sehr monoton. Die folgenden Verben können dir helfen, nicht nur mehr Abwechslung zu erzeugen, sondern eine Äußerung auch viel genauer zu beschreiben:

believed thought noticed knew told	ordered informed expressed his view/opinion pointed out	claimed stated referred to asked wanted to know	inquired commanded recommended warned advised

Strukturierendes Vokabular

Von zentraler Bedeutung sind sprachliche Signale, die dem Leser helfen sollen, sich in deinem Text zurechtzufinden. Dies gilt vor allem für erörternde Darstellungen. Das folgende Vokabular verknüpft nicht nur deine Überlegungen, sondern gliedert deinen Text zum besseren Verständnis.
Das Thema des Beispieltextes ist "Computers at school".

at the beginning/ to start with	**To start with,** I want to make clear that I am not against computers. But the question is whether we really need computers at school.
first ...	**First,** it seems important to note that computers determine our lives: at home, at work, in our free time. Kids grow up with them.
... second(ly)	**Secondly,** scientists are already warning of the negative effects: Kids today seem to get to know the world through the computer only. (Most often only boys become experienced users **while** girls keep a distance).
while/in contrast to that/however **on the one hand ... on the other hand**	**On the one hand,** there are a lot of learner's programs, software for school and other helpful tools, **on the other hand,** a lot of students use their computers only for playing games or writing e-mails.
so	**So** computer corners in classrooms do not seem to be a perfect solution because they cannot be properly controlled.
moreover/ additionally	**Moreover,** a lot of students already know more about using computers than their teachers.
for this/these reason/s	**For these reasons** some people suggest banning computers from school. According to them, computers at school only increase the time kids spend with computers anyway. But that is no solution at all. A lot of kids need help in getting used to word processing and the internet.
as a consequence	**As a consequence** we have to find a method of using this new technology as a useful tool for research and communication.
to put it all in a nutshell/summing up/concluding	**To put it all in a nutshell,** we need computers at school. Computing is a basic cultural technique of the 21st century, comparable to writing in former times.

Wissen kurz gefasst ✓

- Achte im Hinblick auf einen guten Stil bei der Wiedergabe der indirekten Rede auf Abwechslung bei den einleitenden Verben.
- Vermeide die monotone Benutzung von "also".
- Strukturierendes Vokabular hilft dem Leser, deine Ausführungen besser zu verstehen.

Sätze mit Konjunktionen

Ein eintöniger Satzbau, der nur aus kurzen Hauptsätzen besteht, gilt als schlechter Stil. Daher solltest du darauf achten, deine Sätze angemessen miteinander zu verknüpfen. Für einen variantenreichen, logisch verknüpften Satzbau, der deinen Stil prägen sollte, brauchst du Konjunktionen (Bindewörter).

after	*nachdem*
although	*obwohl*
as soon as	*sobald*
because	*weil*
before	*bevor*
but	*aber*
so that	*so dass*
when	*als, wenn*
until	*bis*

Satzgefüge können mit dem Haupt- oder mit dem Nebensatz beginnen. Die Konjunktion steht dabei immer zu Beginn des Nebensatzes.

Wenn der Nebensatz nach dem Hauptsatz steht, setzt man vor der Konjunktion im Englischen kein Komma.

After the African Americans had boycotted the buses, racial segregation slowly came to an end.	*Nachdem die Afroamerikaner die Busse boykottiert hatten, hörte die Rassentrennung langsam auf.*
Robert and Ben were still copying the English homework **although** the teacher had entered the classroom.	*Robert und Ben schrieben weiterhin die Englisch-Hausaufgaben ab, obwohl der Lehrer das Klassenzimmer betreten hatte.*
As soon as Angela Merkel arrives in Washington, she will meet President Bush at the White House.	*Sobald Angela Merkel in Washington gelandet ist, wird sie Präsident Bush im Weißen Haus treffen.*

"When"

Die Konjunktion "when" kann im Deutschen zwei Bedeutungen („wenn" oder „als") haben.

We were waiting for Sarah **when** suddenly the telephone rang.	*Wir warteten auf Sarah, als plötzlich das Telefon läutete.*
When John is 18, he will get a car from his parents.	*Wenn John 18 ist, bekommt er von seinen Eltern ein Auto.*

Verwechsle "when" nicht mit "if"! Während "when" eine Aussage über einen Zeitpunkt macht, formuliert man mit "if" (= falls) eine Bedingung!

Achtung

"So that", "but" und "because"

Die Konjunktionen "so that", "but" und "because" bilden eine Ausnahme, da sie nicht am Satzanfang stehen können.

Most Australians don't live near a hospital **so that** the Flying Doctor Service has to care for them.	*Die meisten Australier leben nicht in der Nähe eines Krankenhauses, so dass der „Flying Doctor Service" sich um sie kümmern muss.*

Wissen kurz gefasst ✓

- Konjunktionen verknüpfen stilistisch elegant Haupt- und Nebensatz eines Satzgefüges.
- Die meisten Konjunktionen können mit dem Nebensatz am Anfang des Satzes stehen, bei "but", "so that" und "because" geht dies nicht.
- Bei einem nachgestellten Nebensatz steht vor der Konjunktion kein Komma.
- Vermeide einen monotonen Satzbau, der nur aus kurzen Hauptsätzen besteht!

Großbritannien und Europa

Großbritanniens Verhältnis zu Europa ist seit je gespannt. Dies hat geografische, historische und politische Gründe. Insbesondere die britischen Boulevardzeitungen heizen die antieuropäische Stimmung immer wieder an.

"Geography is destiny"

Durch seine Insellage und den Ärmelkanal (Channel) ist Großbritannien immer vom europäischen Kontinent getrennt gewesen. Diese natürliche Isolation bestimmt bis heute das Denken der Briten.
Der in den 1990er Jahren fertig gestellte Tunnel unter dem Meer – verächtlich "Chunnel" genannt – ist daher immer wieder in seinen Planungen verschoben worden. Heute ist es freilich weniger der Gedanke vor militärischer Bedrohung, sondern vielmehr die Angst vor eingeschleppten Krankheiten (z. B. Tollwut) oder Flüchtlingen, die durch den Tunnel illegal nach Großbritannien gelangen, die Anlass zur Sorge in der britischen Öffentlichkeit gibt.

Da Großbritannien lange Zeit eine Weltmacht war (British Empire), fühlt es sich auch heute noch durch eine gemeinsame Sprache und Geschichte mit seinen ehemaligen Kolonien oft mehr verbunden als mit seinen europäischen Nachbarn. Deshalb richtet sich die britische Regierung teils mehr nach Amerika aus als andere europäische Staaten.

Nationalstolz und die Europäische Union

Bewährte Traditionen wie die Monarchie, der Linksverkehr, die eigenen Maßeinheiten oder auch das britische Pfund sind Teil eines Selbstverständnisses, das man sich nicht von einer europäischen Behörde auf dem Kontinent nehmen lassen will.

Auch wenn Großbritannien seit 1973 der Europäischen Union angehört, wird es auf absehbare Zeit wohl nicht zu einer Einführung der europäischen Gemeinschaftswährung Euro in Großbritannien kommen, wo weiterhin das britische Pfund benutzt wird. Dies liegt auch an der im Vergleich zur kontinentalen Ökonomie boomenden englischen Wirtschaft in den letzten Jahren.
Die antieuropäische Stimmung ist vor allem in der älteren Generation, die den Zweiten Weltkrieg noch miterlebt hat, stark, während junge Menschen in der Regel offener gegenüber Europa eingestellt sind.

Die Rolle der Medien

Man muss unterscheiden zwischen seriösen Tageszeitungen wie *The Times, The Guardian*, *The Independent* und *The Daily Telegraph* und der Klatschpresse. Die auflagenstarken Boulevardblätter (tabloids) wie z. B. *The Daily Mirror, The Daily Express* oder *The Sun* sind vergleichbar mit der Bildzeitung. Die "tabloids" unterscheiden sich von der seriösen Presse durch das Format, eine reißerische Sprache und den verstärkten Einsatz von Bildern. Während die seriösen Zeitungen eher pro-europäisch sind, bedienen sich die "tabloids" immer wieder antieuropäischer Klischees.

Wissen kurz gefasst ✓

- Aufgrund ihrer Insellage sind die Briten vom europäischen Festland getrennt und haben in dieser Isolation viele lieb gewonnene Traditionen bewahrt.
- Großbritannien steht politisch oft den USA näher; Nähe und Gemeinsamkeiten mit den europäischen Nachbarn erscheinen vielen Briten weniger wichtig.
- Kriegserfahrungen mit Deutschland beinträchtigen auch heute noch das britisch-deutsche Verhältnis. Gerade die Boulevardpresse (tabloids) ist anti-europäisch eingestellt.

Irland

Die irische Geschichte ist geprägt von Auswanderung und dem Nordirland-Konflikt. Die christliche Kultur der Insel hat sehr tiefe Wurzeln. Musik, Guiness und Geselligkeit sind charakteristische Merkmale der heutigen Alltagskultur.

Land der Auswanderer

Irland blickt auf eine lange Tradition der Auswanderung zurück. Neben religiösen Gründen trieb insbesondere die materielle Not viele Iren aus ihrer Heimat. Vor allem während der großen Hungersnot **(Great Famine)** der Jahre 1845–48, als die Kartoffelernte ausfiel, verstarb oder wanderte knapp die Hälfte der irischen Bevölkerung aus.
Viele Iren zog es in die Vereinigten Staaten. An den Namen (z. B. O'Connor, O'Reilly) vieler Amerikaner kann man ihren irischen Familienhintergrund ablesen. Heute feiern die irischstämmigen Amerikaner jedes Jahr am 17. März **(St. Patrick's Day)** den Tag ihres Stammvaters St. Patrick, der im Jahre 432 das Christentum nach Irland brachte, mit Paraden und grüner Farbe.

Lange Zeit galt Irland als das Armenhaus Europas. In den letzten Jahren hat sich die Situation jedoch sehr verbessert. In den frühen 1990er Jahren ereignete sich ein wahres Wirtschaftswunder, das Irland heute zu einem der reichsten Staaten Europas macht **(the Celtic Tiger)**. Aus diesem Grund kehren viele Iren wieder in ihre Heimat zurück.

Glaube und Alltagskultur

Der katholische Glaube hat traditionell eine große Bedeutung in der Republik Irland. **95 %** aller Iren dort sind **Katholiken** und praktizieren ihren Glauben auch. Zentrales Element im Alltag der Iren ist die Musik, die entweder zu Hause oder beim Guiness, dunklem irischem Bier, in der Kneipe (pub) gepflegt wird. Nicht selten spielen die unterschiedlichsten Musiker zusammen – jeder kann sein Instrument mitbringen und mitmachen.

Der Nordirland-Konflikt

Der Beginn der Auseinandersetzung zwischen **Katholiken** und **Protestanten** reicht Jahrhunderte zurück. Im Zusammenhang mit Plänen, Irland zu beherrschen oder wenigstens zu kontrollieren, setzte das protestantische englische Königshaus massenhaft Siedler in den Norden Irlands inmitten der katholischen Iren. Heute sind 60% der Nordiren protestantisch.
Während die **Republic of Irland,** der südliche Teil der irischen Insel, nach blutigen Auseinandersetzungen 1921 bzw. 1949 unabhängig wurde, gehört **Northern Ireland** immer noch zum United Kingdom. Die katholische Terror-Organisation **IRA** (Irish Republican Army) und ihr politischer Arm **Sinn Féin** („wir selbst") kämpfen daher seit Jahrzehnten für ihre Unabhängigkeit.

Hauswand in Belfast

Seit der Stationierung von britischen Soldaten 1968 in Nordirland sind mehr als 3000 Menschen bei blutigen Auseinandersetzungen zwischen Protestanten und Katholiken ums Leben gekommen. Das **Belfast Agreement** beendete 1998 den Bürgerkrieg. Bei einem historischen Treffen im März 2007 einigten sich Protestantenführer und die katholisch-republikanische Sinn Féin auf die Bildung einer gemeinsamen Regierung in Belfast, die auf eine friedliche Lösung des jahrhundertealten Konflikts hoffen lässt.

Wissen kurz gefasst ✓

- Lange Zeit galt Irland als Auswanderungsland. Heute gehört es zu den wohlhabendsten Ländern Europas.
- Glaube und traditionelle Musik sind wichtige Bestandteile der irischen Kultur.
- Die eigenständige Republik Irland ist katholisch, während Nordirland von einer protestantischen Mehrheit dominiert wird, die auch weiterhin zum United Kingdom gehören möchte. Die IRA und die Sinn Féin Party kämpfen für die Rechte der Katholiken und hoffen auf eine Unabhängigkeit.

Australien

Australien beeindruckt durch das abwechslungsreiche Sydney, die unendliche Weite des Outback und die Unberührtheit der Natur. Der Umgang mit den Aboriginals gehört zu den schwierigen Kapiteln der australischen Geschichte.

Sydney

Sydney ist zwar nicht die Hauptstadt Australiens, doch das wirtschaftliche und kulturelle Zentrum des Landes. Es vereint viele Gegensätze. Viktorianische Bauten, die von Australiens Vergangenheit als Teil des British Empire erzählen, stehen architektonischen Meisterleistungen wie dem Syndney Opera House und der Harbour Bridge gegenüber.

Leben im Outback

Australien ist sehr dünn besiedelt. Insgesamt leben nur etwa 16 Millionen Menschen auf diesem Kontinent. 88 % davon wohnen in den wenigen Städten wie Sydney oder Canberra, der Rest verteilt sich auf das riesige Niemandsland **(outback).**

Die Kinder auf den vereinzelten Farmen gehen in eine besondere Schule: die **"School of the Air"**. Ihr Klassenzimmer ist bei ihnen zu Hause: Sie treten über E-Mail oder über Funk mit einem Lehrer in Kontakt, der viele hundert Meilen von ihnen weg sitzt, können Fragen stellen, bekommen Aufgaben und müssen Tests schreiben.
Wird jemand im Outback krank, kann er nicht zum Arzt oder in ein Krankenhaus gehen. Dafür kommt der Arzt zu ihm. Der **"Flying Doctor Service"** übernimmt die medizinische Versorgung dieser Menschen per Flugzeug.
Insgesamt sind die Menschen im Outback sehr auf sich selbst gestellt. Die nächste Tankstelle oder Einkaufsmöglichkeit kann unter Umständen 300 Meilen entfernt sein – von der nächsten Stadt ganz zu schweigen.

Die Aboriginals

Die Kultur der Aboriginals besteht seit etwas 40 000 Jahren. Sie waren ursprünglich Jäger und Sammler, die sich der Natur angepasst hatten. Die Felszeichnungen, die heute noch von ihrer Kultur zeugen, sind Belege ihrer frühen Siedlungsplätze.

Nachdem Australien von den Europäern besiedelt worden war – zunächst im 18. Jahrhundert als britische Kolonie für Strafgefangene –, wurden die als minderwertig angesehenen Aboriginals von ihrem Land vertrieben oder getötet. Erst 1993 wurden ihre Rechtsansprüche auf diese Gebiete von der australischen Regierung anerkannt und mit der Aufarbeitung des begangenen Unrechts an Generationen von Ureinwohnern begonnen.

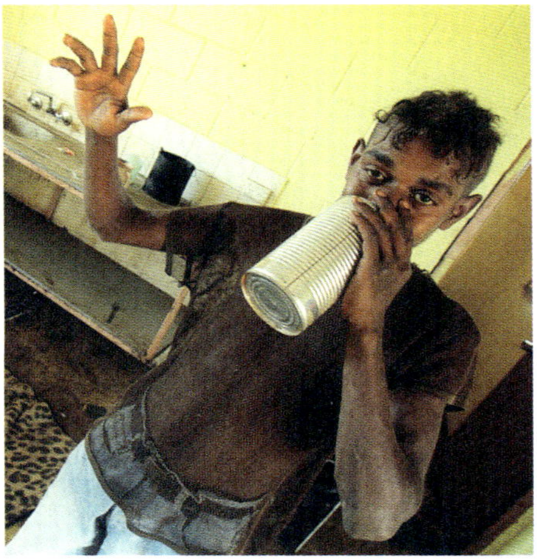

Viele der Aboriginals kommen mit dem modernen Leben nicht zurecht. Sie sind zerrissen zwischen ihren Traditionen und den Anforderungen der heutigen Gesellschaft. Nicht wenige, die am Rande der weißen Siedlungen leben, sind alkohol- oder drogenabhängig, so dass es um die Zukunftschancen der nächsten Generation ebenfalls schlecht bestellt ist: Die Jugendlichen haben eine mangelhafte oder keine Schulbildung und wenig Aussichten auf einen Job.

Wissen kurz gefasst ✓

- Obwohl die meisten Australier in wenigen großen Küstenstädten leben, bestimmt das riesige Outback den Charakter des Landes. Die Menschen, die dort leben, behelfen sich mit Einrichtungen wie der „School of the Air" oder dem „Flying Doctor Service".
- Die Ureinwohner Australiens, die Aboriginals, wurden von ihrem Land vertrieben. Ihre Rechtsansprüche wurden erst 1993 von der australischen Regierung anerkannt. Viele Aboriginals sind zerrissen zwischen ihrer traditionellen Kultur und der modernen Lebensweise.

Einwanderung in die USA und Großbritannien

Während die USA seit je ein Einwanderungsland waren, trifft dies auf Großbritannien erst seit Ende des Zweiten Weltkriegs zu. Lange Zeit glaubte man, die Einwanderer könnten sich vollständig in die Gesellschaft integrieren. An dieser Vorstellung mehren sich jedoch in jüngster Zeit Zweifel.

Einwanderung in die USA

Angezogen vom amerikanischen Traum, der Freiheit und Möglichkeit, vom Tellerwäscher zum Millionär zu werden, haben Millionen von Menschen seit Entstehung der Vereinigten Staaten ihre Heimat gegen die USA eingetauscht. Sie kamen, weil sie in ihren Heimatländern religiös verfolgt wurden, materielle Not litten oder sich einfach ein besseres Leben versprachen.

Ein Grenzzaun aus Metall trennt Mexico und die USA wie hier bei Naco.

Wichtige Herkunftsregionen der Einwanderer sind Europa (Irland, Deutschland, Italien, Osteuropa), Asien (Vietnam, China) und Zentralamerika (z. B. Mexiko). Die aufgrund der Kolonialgeschichte spanisch sprechenden Einwanderer aus Mittelamerika, besonders Mexiko, bezeichnet man als **"Hispanics".** Nicht zu vergessen sind die Afroamerikaner, die als Sklaven in die USA verschleppt wurden.

Vom "melting pot" zur "salad bowl"

Lange Zeit glaubte man, dass die unterschiedlichen Einwanderer zu einer Masse verschmelzen würden **(melting pot)**. Die gesellschaftliche Entwicklung hat dies jedoch als Trugschluss enttarnt. Vielfach bilden die einzelnen Einwanderungsgruppen nämlich ihre eigenen Ghettos, wie man z. B. an den Stadtteilen Chinatown oder Little Italy in New York erkennen kann. Man vergleicht deshalb heute die US-Gesellschaft eher mit einer Salatschüssel **(salad bowl),** in der die ethnischen Gruppen klar als einzelne Bestandteile erkennbar sind.

Gegenwärtige Probleme

Mittlerweile gehört die ungezügelte Einwanderung der Vergangenheit an. Quotensysteme und die Bevorzugung von ausgebildeten Fachkräften verhindern vielfach den Wunsch, Bürger der Vereinigten Staaten zu werden. Längst nicht jeder ist mehr in den USA willkommen.
Dies hat zu einer massenhaften **illegalen Einwanderung,** insbesondere von Hispanics, geführt. Die rechtliche und gesellschaftliche Stellung dieser illegalen Einwanderer ist sehr schwierig.
Nicht zuletzt hat der Terroranschlag vom 11. September 2001 dazu geführt, dass das Verhältnis zu Einwanderern muslimischen Glaubens äußerst gespannt ist, da diese potenziell einem Terrorverdacht ausgesetzt sind.

Einwanderung in Großbritannien

Seit den 1950er Jahren haben viele Menschen aus den Commonwealth-Staaten in Großbritannien eine neue Heimat gefunden. Dies gilt insbesondere für Inder und Pakistani. Dabei haben sie ihre Essgewohnheiten, ihre Religionen (Islam, Hinduismus), Sitten und Gebräuche mitgebracht. Ein Zentrum für die Einwanderer ist – neben der Hauptstadt London – vor allem das nordenglische Bradford. Auch in Großbritannien meinte man, die Einwanderer vollständig erfolgreich integrieren zu können. Eine Ghettobildung – ähnlich wie in Amerika – ist jedoch auch in Großbritannien eingetreten. Im Alltag war das Zusammenleben zwischen den einzelnen Volksgruppen ohnehin nie frei von Problemen, da das Verhältnis seit je von Vorurteilen und Misstrauen, insbesondere gegenüber den **Muslimen,** geprägt war und ist.
Wie brüchig dieses Verhältnis ist, hat sich durch die Londoner Anschläge vom Sommer 2005, die von Pakistani verübt wurden, die schon länger in England lebten, gezeigt. Seitdem haben sich die Gräben zwischen den ethnischen Gruppen vertieft.

Wissen kurz gefasst ✓

- Die Vereinigten Staaten und Großbritannien haben durch ihre Einwanderer heute eine multikulturelle Gesellschaft.
- Der Versuch, die verschiedenen ethnischen Gruppen mit ihren Kultur- und Glaubensvorstellungen zu integrieren, ist in beiden Ländern nicht vollständig gelungen. Insbesondere nach den Terroranschlägen von New York und London hat sich gezeigt, dass das Verhältnis zu den Einwanderern – vor allem gegenüber Muslimen – mit Ängsten und Spannungen besetzt ist.

Die Bürgerrechtsbewegung in den USA

Nachdem die Afroamerikaner aus der Sklaverei befreit worden waren, sahen sie sich jahrzehntelang einer Rassentrennung und Diskriminierung ausgesetzt. Erst die Bürgerrechtsbewegung in den 1950er und 1960er Jahren setzte dem ein Ende.

"Separate but equal"

Das offizielle Ende der Sklaverei durch die "Emancipation Proclamation" (1863) bedeutete noch lange nicht, dass den Afroamerikanern gleiche Rechte zugestanden wurden. Viele weiße Amerikaner betrachteten die Afroamerikaner weiterhin als minderwertig und sprachen sich für eine klare Rassentrennung **(segregation)** aus. In verschiedenen Gesetzen, die vom Obersten Gerichtshof bestätigt wurden, einigte man sich auf die Formel **"separate but equal"**. Das bedeutete, die Afroamerikaner sollten die gleichen öffentlichen Einrichtungen wie Schulen, Toiletten, Parkbänke etc. haben wie die Weißen – aber eben getrennt von ihnen. In der Praxis waren diese Einrichtungen freilich längst nicht gleichwertig.

Montgomery Bus Boycott

Auch in Bussen hatten Afroamerikaner und Weiße unterschiedliche Sitzplätze. Als **Rosa Parks** sich 1955 in Montgomery (Alabama) weigerte, einem Weißen Platz zu machen, wurde sie verhaftet. Die Afroamerikaner boykottierten daraufhin über ein Jahr lang die öffentlichen Busse. Bei der Organisation des Boykotts machte sich der spätere Führer der Bürgerrechtsbewegung, der baptistische Prediger **Martin Luther King,** einen Namen.

Höhepunkte und Strategien der Bürgerrechtsbewegung

Wie beim Busboykott erfolgreich erprobt, setzte King auf den **gewaltfreien Protest,** Märsche und Sit-ins. Auf die bloße Präsenz bzw. die Verweigerung der Afroamerikaner hatten die weißen Rassisten keine andere Antwort als wahllose Verhaftungen, Wasserwerfer und Gewalt. Dies erregte weltweit großes Aufsehen.

Der Höhepunkt der Bürgerrechtsbewegung war Kings berühmte Rede "I Have a Dream" im Jahre 1963 vor 250 000 Demonstranten vor dem Lincoln Memorial in Washington. 1965 wurde Martin Luther King ermordet.

Während Martin Luther King auf den gewaltfreien Widerstand setzte und im Kampf um die Bürgerrechte unbestrittene Erfolge einfuhr (Civil Rights Act 1964, Voting Rights Act 1965), ging es **Malcolm X** eher um soziale Gerechtigkeit. Malcolm X war enttäuscht über die immer wieder zu beobachtende Verschleppung von Reformen unter dem Druck des passiven Widerstandes und setzte daher auf eine **gewalttätige Strategie.** Damit sprach er vor allem städtische Jugendliche an. Auch er fiel 1965 einem Attentat zum Opfer.

Afroamerikaner heute

Die Situation hat sich für die Afroamerikaner wesentlich verbessert, doch die Diskriminierung im Alltag ist längst nicht vorüber. Sie haben heute weiterhin eher eine unterdurchschnittliche Bildung; bei Statistiken über Teenager-Schwangerschaften, Schulabbruch, Drogenmissbrauch oder Gewaltverbrechen liegen Afroamerikaner vorn.

Wissen kurz gefasst ✓

- Die Rassentrennung, die in der Formel "separate but equal" ihren Ausdruck gefunden hatte, wurde durch die Bürgerrechtsbewegung aufgehoben.
- Wichtige Stationen waren der Busboykott und Martin Luther Kings Rede 1963.
- Die Situation der Afroamerikaner hat sich verbessert, doch ihre Benachteiligung im Alltag ist weiter spürbar.

Der bestimmte Artikel "the"

Der Gebrauch des bestimmten Artikels "the" scheint auf den ersten Blick ziemlich einfach zu sein, da es ja nur eine Form gibt. Die Verwendung des Artikels gehört jedoch zu den häufigsten Fehlerquellen im Englischen, da es einerseits viele Ausnahmen gibt, andererseits auch Abweichungen gegenüber dem Deutschen.

Grundsätzliches

Generell gilt: **Nur** wenn eine Person oder Sache **konkret** bezeichnet wird, darfst du den bestimmten Artikel "the" verwenden!
Konkret bzw. identifizierbar werden Personen oder Dinge, wenn sie durch Gewohnheit zuzuordnen sind bzw. durch eine "of-phrase" oder einen Relativsatz näher bestimmt sind. Bei allgemeine Aussagen über Lehrer, Musiker, Kinder etc. darf deshalb **kein** bestimmter Artikel stehen.

allgemeine Aussage	konkrete Aussage
Doctors normally earn a lot of money.	Sheila has gone to **the doctor** (zu dem sie gewöhnlich geht).
Australians are easy-going.	**The Australians** I met in Alice Springs are easy-going.
Old Greek **statues** tell us about the past.	**The Statue of Liberty** is one of New York's most famous sights.

Achtung

Ausnahmen bilden solche Fälle, in denen du eine Aussage über eine ganze Gattung machst bzw. "the" mit einem Adjektiv oder einer Nationalität zusammen gebrauchst. In diesen Fällen hat "the" ausschließlich Pluralbedeutung!

Gattung	**The polar bear** is threatened to become extinct. *Der Eisbär droht auszusterben.*
"the" + Adjektiv (the sick, the homeless)	**The young** tend to rebel against their parents. *Die Jugend neigt dazu, gegen die Eltern zu rebellieren.*
"the" + Nationalität (Endung auf "-ish", "-ch" oder "-sh")	**The English** are said to be quite reserved. *Man sagt, dass die Engländer ziemlich zurückhaltend seien.*

Most ohne "the"

Aus der obigen Grundregel abgeleitet steht bei "most" im Englischen niemals der Artikel, da damit nicht genau bestimmt werden kann, wen du meinst!

Most Aboriginals have difficulties in adapting to modern life.	*Die meisten Aboriginals haben Schwierigkeiten, sich an das moderne Leben anzupassen.*

Abstrakte Substantive

Abstrakte Begriffe oder Stoffbezeichnen benennen für sich genommen keinen konkreten Gegenstand, so dass sie ohne Artikel verwendet werden müssen. Dazu gehören: life, time, luck, money, water, pollution.

We had bad **luck**. It was raining all the time.	*Wir hatten Pech. Es regnete die ganze Zeit.*
Crime is a big problem in American cities.	*Kriminalität ist ein großes Problem in amerikanischen Städten.*

Konkretes Gebäude oder dessen Funktion?

Mitunter hängt es vom Kontext ab, ob der bestimmte Artikel verwendet werden muss. "School" kann sowohl den Unterricht als auch das konkrete Schulgebäude bezeichnen. Beziehst du dich auf den Unterricht (= die Funktion des Gebäudes), darfst du den bestimmten Artikel nicht verwenden.
Entsprechend werden verwendet: university, college, church, hospital, prison.

ohne Artikel (= Funktion)	mit Artikel (= Gebäude)
School has changed over the last 50 years.	**The school** Sarah goes to is in Lancaster Lane.
As a child I went **to church** every Sunday.	**The church** was built in gothic style.

Ähnlich verhält es sich mit "go to bed" (= schlafen gehen) bzw. "sit on **the** bed" (konkrete Sitzgelegenheit).

Wissen kurz gefasst ✓

- Der bestimmte Artikel "the" verweist auf eine näher bestimmte, bekannte Person oder Sache.
- Bei allgemeine Aussagen, "most" und abstrakten Substantiven steht kein Artikel.
- Bei Gebäuden wird zwischen dem Bau selbst und der Funktion unterschieden.

Eigennamen mit oder ohne "the"?

Die Verwendung von Eigennamen von Personen, Firmen, Gebäuden oder geografischen Bezeichnungen ist eine Wissenschaft für sich, da sehr viele Regeln und Ausnahmen zu beachten sind.

Personennamen

Eigennamen im Singular – auch wenn sie durch ein Attribut näher bestimmt werden – bleiben ohne Artikel, während Namen im Plural "the" benötigen.

Singular (ohne "the")	Plural (mit "the")
President Kennedy did a lot for minorities.	**The O'Reillys** have immigrated from Ireland.
Poor Emma's grandma has died.	

Gebäude

Gebäude, die nach Personen (z. B. Victoria Station nach Queen Victoria) oder Plätzen (z. B. Canterbury Cathedral) benannt sind, werden ohne Artikel gebraucht. Die meisten anderen Gebäude wie Hotels, Theater, Museen etc. haben den bestimmten Artikel bei sich.

Gebäude ohne Artikel	Gebäude mit Artikel
Cambridge University is as famous as **Harvard.**	Bush meets his guest at **the White House**.
	The Hyatt (Hotel) offers the best comfort.

Unternehmen

Während Zeitungen und Organisationen den bestimmten Artikel erfordern, bleiben andere Firmen wie z. B. Fluggesellschaften unbegleitet.

ohne Artikel: Firmen und Unternehmen	mit Artikel: Zeitungen und Organisationen
Lufthansa cancelled all flights to New York.	**The Sun** is Britain's most popular tabloid.
Ford is the second biggest car producer in the US.	The English are quite critical of **the European Union.**

Geografische Bezeichnungen

Bei geografischen Bezeichnungen gibt es unglücklicherweise keine eindeutigen Regeln. Es kommen Fälle mit und ohne Artikel vor. Pluralformen haben eher den Artikel bei sich.

ohne Artikel	mit Artikel
Kontinente: **South America** is much bigger than **Europe**.	
Ländernamen im Singular: **Australia** was a colony for prisoners.	**Ländernamen im Plural:** Today there's only one superpower left: **the United States of America.**
Staaten: **England** has got a constitutional monarchy.	**Staaten mit "Republic" oder "United":** **The Czech Republic** was founded at the end of the cold war. **The United Kingdom** consists of England, Scotland, Wales and Northern Ireland.
Städte, Straßennamen, Plätze: **Sydney** is famous for its Opera House. Shopping on **5th Avenue** is fun. Around **Times Square** there are lots of theatres.	
Inseln: **Hawaii** is an ideal place for surfing.	**Inselgruppen:** I prefer **the Bahamas** to Florida.
einzelne Berge: **Ayers Rock** is called "Uluru" in the Aboriginal language.	**Gebirge:** The glaciers in **the Alps** are melting.
Namen von Parks und Seen: **Central Park** is the best place for a rest. Where is **Lake Ontario**?	**Flüsse, Kanäle, Meere(steile):** Have you ever seen a steamer on **the Mississippi**? The tsunami started in **the Indian Ocean.**

Wissen kurz gefasst ✓

- Eigennamen sorgen für viel Verwirrung im Umgang mit dem bestimmten Artikel. Versuche dir jeweils einzuprägen, ob "the" stehen muss oder nicht.
- Singularausdrücke stehen eher ohne Artikel, Pluralformen haben eher "the" bei sich.

Typische Fehler im Umgang mit Verben

Die Fehler, die im Umgang mit Verben häufig gemacht werden, lassen sich in vier Bereiche unterteilen: das 3. Person Singular-"s" im Präsens, die Zeiten im *progressive*, die Zeitverschiebung in der indirekten Rede und der Gebrauch von Verben, die im Deutschen ein Reflexivpronomen bei sich haben.

„He, she, it – das -s muss mit!"

Sicher kennst du diese Regel schon längst, und doch wird das "-s" in der 3. Person Singular im Präsens trotzdem immer wieder vergessen. Achte in diesem Zusammenhang auch auf die Fragebildung und die Verneinung mit "does"!

Nigel **supports** Greenpeace.	*Nigel unterstützt Greenpeace.*
Nigel **doesn't support** Greenpeace.	*Nigel unterstützt Greenpeace nicht.*
Does Nigel support Greenpeace?	*Unterstützt Nigel Greenpeace?*

Progressive-Zeiten

Zeiten in der *progressive*-Form sind weitaus seltener, als du vielleicht denkst. Du brauchst sie, um

- eine bestimmte Dauer auszudrücken,
- eine Handlung zu beschreiben, die zum Sprechzeitpunkt noch nicht vorüber war,
- Bilder zu beschreiben.

The children in the photograph **are sitting** on a bench.	*Die Kinder auf dem Foto sitzen auf einer Bank.*
While Susan **was surfing** on the internet, the computer broke down.	*Während Susan im Internet surfte, stürzte der Computer ab.*

Im Passiv sind nur Formen im *past progressive* und im *present progressive* gebräuchlich!

Die Zeitverschiebung in der indirekten Rede

Da die indirekte Rede im Deutschen anders funktioniert als im Englischen (siehe S. 52), ergeben sich bei der Zeitverschiebung, die im Englischen oft nötig ist, häufig Schwierigkeiten. Grundsätzlich gilt:

> Wenn das einleitende Verb (z. B. said, informed ...) in der Vergangenheit steht, müssen alle Zeiten um eine Stufe in die Vergangenheit zurückverschoben werden!

Aussagen über die Gegenwart werden ins *simple past* gesetzt. Alle Zeiten der Vergangenheit werden ins *past perfect* gesetzt!

direkte Rede	indirekte Rede
The English teacher: "Al Capone **was** the most wanted criminal of his time."	The English teacher claimed that Al Capone **had been** the most wanted criminal of his time.
James to his friend: "**Have** you **seen** the film 'The Untouchables'?"	James wanted to know whether his friend **had seen** the film "The Untouchables".

Denke an die besondere Satzstellung (S – P – O) auch im Nebensatz!

Achtung

Reflexive Verben im Deutschen und Englischen

Längst nicht alle Verben, die im Deutschen ein Reflexivpronomen bei sich haben, werden auch im Englischen reflexiv gebraucht. Zu diesen Verben, die eben nicht mit Reflexivpronomen verwendet werden, gehören z. B.: meet, feel, remember, sit down, shave, wonder.

We **met** in front of the Empire State Building.	*Wir **trafen uns** vor dem Empire State Building.*
I will always **remember** the summer of 2006.	*Ich werde **mich** immer an den Sommer 2006 **erinnern**.*

Wissen kurz gefasst ✓

- Vergiss nie: „He, she, it – das -s muss mit!"
- Achte auf die richtige Zeitverschiebung in der indirekten Rede.
- *Progressive*-Zeiten und reflexive Verben sind seltener, als man denkt.

Adjektive und Adverbien

Da die deutsche Sprache in den Formen nicht immer zwischen Adjektiven und Adverbien unterscheidet, wird häufig übersehen, dass die beiden im Englischen deutlich an ihrer Endung zu unterscheiden sind.

Unterschiedliche Endungen

Adjektive bilden als eigene Wortart die Grundlage für die Bildung von Adverbien. In der Regel hängst du für das Adverb einfach die Endung "-ly" an. Manchmal verändert sich allerdings die Schreibweise der Grundform:

careful → carefully

simple → simply
noisy → noisily

Es gibt eine Reihe von besonderen Adverbformen:

Adjektiv	Adverb
good Your English is good.	**well** You speak English well.
fast Tim is a fast runner	**fast** Tim runs fast.
hard She is a hard worker.	**hard** She worked hard.

Achtung

"Hardly" bedeutet „kaum"! He has hardly eaten anything (= er hat kaum etwas gegessen).

Unterschiedliche Funktion

Adjektive beziehen sich als Attribute bzw. Prädikatsnomen auf Substantive, Adverbien auf Verben.

Adjektiv	Adverb
His voice was **loud**. *Seine Stimme war laut.*	He shouted **loudly**. *Er schrie laut.*
He had a **loud** voice. *Er hatte eine laute Stimme.*	

Verben der Wahrnehmung (feel, look, sound, taste) bilden eine Ausnahme, da sie wie Substantive durch ein Adjektiv näher bestimmt werden.

Achtung

When I was at the top of mountain, I felt **good**.	*Als ich auf dem Gipfel war, fühlte ich mich gut.*
The girl over there looks **beautiful**.	*Das Mädchen da drüben sieht hübsch aus.*

Die Steigerung von Adjektiven und Adverbien

Die Steigerung von Adjektiven und Adverbien folgt denselben Grundregeln:

(1) Einsilbige Adjektive sowie zweisilbige Adjektive, die auf "-y" enden, werden genau wie die Adverbien "hard" und "fast" mit "-er/est" gesteigert.

Grundform	Komparativ	Superlativ
big	bigger	biggest
easy	easier	easiest

(2) Alle übrigen mehrsilbigen Adjektive und die regelmäßigen Adverbien auf "-ly" werden mit "more/most" gesteigert.

Grundform	Komparativ	Superlativ
difficult	more difficult	most difficult
angrily	more angrily	most angrily

Bei "good" und "bad" sind die Grundformen von Adjektiv und Adverb verschieden, Komparativ und Superlativ sind jedoch gleich.

Grundform	Komparativ	Superlativ
good/well	better	best
bad/badly	worse	worst

Wissen kurz gefasst ✓

- Adjektive und Adverbien haben in der Regel unterschiedliche Endungen und Funktionen.
- Adjektive bestimmen als Prädikatsnomen oder Attribute einzelne Substantive, Adverbien beziehen sich auf Verben.
- Achte auf Ausnahmen und die besonderen Steigerungsformen!

"This" und "these", "than" und "then"

Bei diesen Wortpaaren besteht große Verwechslungsgefahr, da sie ähnlich klingen, aber nicht nur unterschiedlich geschrieben werden, sondern auch eine ganz andere Bedeutung haben.

"This" und "these"

Einer der häufigsten Fehler überhaupt ist mit "this" und "these" verbunden. Bei beiden Wörtern handelt es sich um Demonstrativpronomen.
"This" [ðɪs] ist die **Singularform** und wird mit kurzem „i" und stimmhaftem „s" ausgesprochen. Die **Pluralform "these"** [ði:z] spricht man dagegen mit langem „i" und stimmlosem „s" aus.

This environmental project will help to reduce CO_2.	*Dieses Umweltprojekt wird dazu beitragen, CO_2 zu reduzieren.*
"We take **these terrorists** seriously," the president said.	*„Wir nehmen diese Terroristen ernst", sagte der Präsident.*

"Than" und "then"

"Then" ist ein temporales Adverb (= dann), während "than" (= als) bei Vergleichen mit Steigerungsformen von Adverbien und Adjektiven verwendet wird. Achte deshalb auf einen Komparativ oder Superlativ, um zu entscheiden, ob "than" die richtige Form ist.

I talked to a friend on the phone, **then** I continued doing my homework.	*Ich telefonierte mit einer Freundin, dann machte ich mit den Hausaufgaben weiter.*
Martin Luther King was **more important** for the Civil Rights Movement **than** Malcolm X.	*Martin Luther King war für die Bürgerrechtsbewegung bedeutender als Malcolm X.*

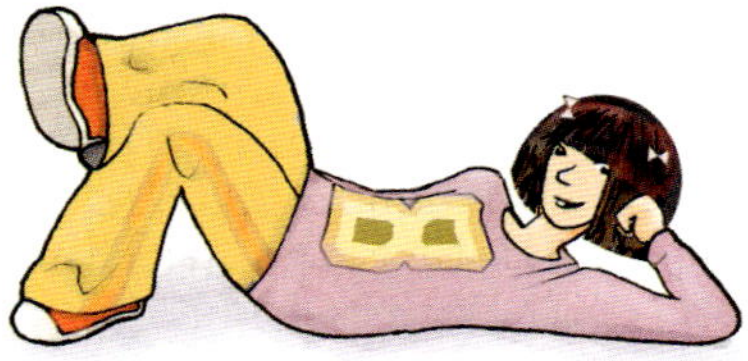

"Live" und "life", "die", "dead" und "death"

Diese Wörter in der englischen Sprache bereiten ebenfalls immer wieder Probleme, da die jeweiligen Verben, Adjektive und Substantive leicht verwechselt werden können.

"Live" und "life"

Besonders Formen von "to live" und "life" führen immer zu Fehlern, da sie mitunter genau gleich aussehen. Prinzipiell ist zu beachten, dass "to live" ein Verb ist, während "life" ein Substantiv ist.

"to live" (Verb)	"life" (Substantiv)
Immigrants often **live** in poverty. *Die Einwanderer leben häufig in Armut.*	Do you know the film "The **Life** of Brian"? *Kennst du den Film „Das Leben des Brian"?*
Conchita Martinez **lives** in a ghetto of Mexicans. *Conchita Martinez lebt in einem mexikanischem Ghetto.*	Before coming to the US, the **lives** of the illegal immigrants have been miserable. *Bevor sie in die USA kamen, war das Leben der illegalen Einwanderer elend.*

Achtung

Die 3. Person Singular des Verbs ist in der Schreibweise identisch mit der Pluralform des Substantivs: "lives". Die Verbform wird jedoch [lɪvz] ausgesprochen, während die Substantivform, der Plural von "life", jedoch [laɪvz] ausgesprochen wird!

"Die", "dead" und "death"

Diese Wörter sind kaum weniger fehlerträchtig. "To die" [daɪ] ist ein Verb, "dead" [ded] ein Adjektiv und "death" [deθ] das dazugehörige Substantiv.

Thousands of American soldiers have **died** in the Iraq War. — *Tausende von amerikanischen Soldaten sind im Irakkrieg gestorben.*

Their **dead** bodies are flown to the USA. — *Ihre Leichen werden in die USA geflogen.*

Their **death** is a hard blow for their families. — *Ihr Tod ist ein harter Schlag für die Familien.*

Wissen kurz gefasst

- Bei „this/these" und "then/than" besteht akute Verwechslungsgefahr.
- Auch bei Verben, Adjektiven und Substantiven, die Leben und Sterben im Englischen ausdrücken, kommt es leicht zu Fehlern.

"For" und "since"

"For" und "since" heißen im Deutschen beide „seit", werden aber in unterschiedlichen Zusammenhängen verwendet.

"For"

"For" bezieht sich auf den **Zeitraum**, den eine Handlung bereits andauert. Es bleibt unklar, wann die Handlung angefangen hat. Eine sinnvolle Frage bezieht sich auf die Dauer (**"how long"?**).

He had been waiting for years for his wife to return to him.	*Er hatte jahrelang darauf gewartet, dass seine Frau zu ihm zurückkehrte.*
Sarah has been crying **for** hours because Tim has dumped her.	*Sarah weint schon seit Stunden, weil Tim mit ihr Schluss gemacht hat.*

"Since"

"Since" bezieht sich auf den **Zeitpunkt**, an dem eine Handlung begonnen hat. Der Dauer ist nicht von Belang. Eine sinnvolle Frage versucht, den Zeitpunkt des Beginns herauszufinden (**"since when"?**).

The situation of African Americans has improved a lot **since** Martin Luther King's famous speech "I have a dream".	*Die Situation der Afroamerikaner hat sich seit Martin Luther Kings berühmter Rede „I have a dream" sehr verbessert.*

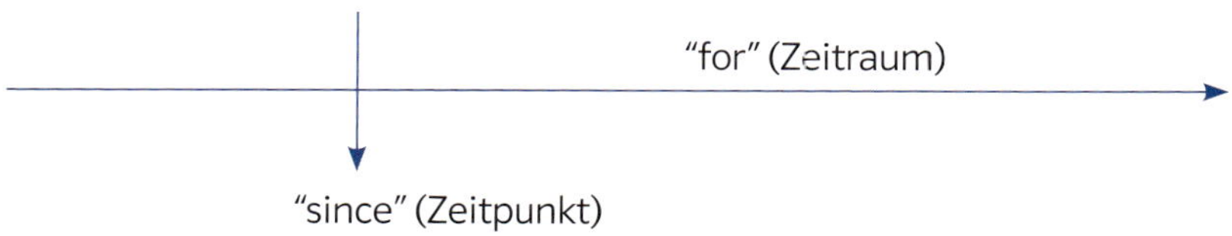

Achtung

"For" und "since" werden meist mit *present perfect progressive* bzw. *past perfect progressive* verwendet, da damit am besten ausgedrückt werden kann, dass die Handlung zum Sprechzeitpunkt noch nicht abgeschlossen ist und die Dauer betont wird.

"Must", "must not" und "need not"

Der Gebrauch des Modalverbs "must" und seiner verneinten Form ist deshalb häufig mit Fehlern verbunden, weil dieses nur im Präsens vorkommt und die Verneinung "must not" oft mit "need not" verwechselt wird.

"Must" und die Ersatzform "to have to"

Da "must" nur eine Präsensform besitzt, musst du für alle übrigen Zeiten die Ersatzform "to have to" verwenden.

You **must** go to bed earlier!	*Du musst früher ins Bett gehen!*
We **will have to** protect our environment better.	*Wir werden unsere Umwelt besser schützen müssen.*
The Aboriginals **had** to learn that they need tourism.	*Die Aboriginals mussten lernen, dass sie den Tourismus brauchen.*

"Must not", "need not" und "to do not have to"

"Must not" bedeutet „nicht dürfen"! Möchtest du ausdrücken, dass jemand etwas nicht tun muss, ist "need not" das richtige Wort. Allerdings gibt es bei "need not" nur Formen im *simple present* und *simple past*. Für alle anderen Zeiten brauchst du die Ersatzform "to do not have to".

must not (= nicht dürfen)	need not (= nicht müssen)
You **mustn't** shout at me like that. I'm your father. *Du darfst mich nicht so anschreien. Ich bin (schließlich) dein Vater.*	You **needn't** shout at me like that. I'm not deaf. *Du brauchst mich nicht so anschreien. Ich bin nicht taub.*

Wissen kurz gefasst ✓

- Verwechslungsgefahr besteht bei "for" und "since", da beide für das deutsche Wort „seit" gebraucht werden. "For" bezieht sich aber auf eine Zeitdauer, während "since" sich an einem Zeitpunkt orientiert.
- "Must not" heißt „nicht dürfen". "Need not" bedeutet „nicht müssen". Merke dir, dass "must" und "need" nur stark eingeschränkte Zeitformen haben.

Die Satzstellung mit "there"

Im Deutschen ermöglichen die Kasusendungen einen äußerst variantenreichen Satzbau. Adverbiale Bestimmungen am Anfang eines Satzes verändern in der Regel die Satzstellung, so dass Subjekt und Prädikat vertauscht sind. Die englische Sprache folgt aber auch hier dem strengen Muster „Subjekt – Prädikat – Objekt (S – P – O)". Gegebenenfalls muss das unpersönliche Subjekt "there" eingefügt werden.

Adverbiale Bestimmungen am Satzanfang

Steht eine adverbiale Bestimmung der Zeit oder des Ortes am Satzanfang, weichen englische und deutsche Wortstellung voneinander ab. Die englische Sprache bleibt bei der Satzstellung S – P – O, im Deutschen kommt es zu einer Inversion.

Yesterday **Queen Elizabeth visited** Australia.
In Ireland **pubs close** at 11 p.m.

*Gestern **besuchte Königin Elisabeth** Australien.*
*In Irland **schließen die Kneipen** um 23 Uhr.*

Deutsche und englische Satzstellung mit unpersönlichem Subjekt im Vergleich

In manchen Fällen möchte man einfach eine Tatsache betonen. Dabei hilft dir das unpersönliches Subjekt "there" + "to be". Bei der Satzstellung kommt es häufig zu Fehlern.

deutsche Satzstellung				
adverbiale Bestimmung		**Prädikat**	**Subjekt**	**Objekt**
Im März nächsten Jahres		*gibt*	*es*	*die nächsten Champions-League-Spiele.*
englische Satzstellung				
adverbiale Bestimmung	**Subjekt**	**Prädikat**		**Objekt**
In March next year	there	will be		the next Champions League matches.

Achtung

In den meisten Fällen wird "there" + "to be" im Deutschen nicht mit einer Form von „sein" wiedergegeben, sondern mit der unpersönlichen Formel „es gibt"!

Niemals "would" im „if"-Satz

Da in "if"-Sätzen Bedingungen gestellt werden, bei denen im Deutschen der Konjunktiv steht, neigen deutsche Sprecher dazu, "would" im Nebensatz mit "if" zu verwenden. "If" und "would" gehen jedoch nicht zusammen.

"would" nur im Hauptsatz

"If"-Sätze bestehen generell aus einem Nebensatz, der mit "if" beginnt und in dem eine Bedingung ausgedrückt wird, und einem Hauptsatz, in dem eine Folge genannt wird. "Would" kann nur im Hauptsatz stehen, und zwar nur in den "if"-Satz Typen II und III, wenn unwahrscheinliche oder unmögliche Folgen formuliert werden:

Nebensatz ***("if" + simple past/past perfect)***	**Hauptsatz** ***(conditional/conditional perfect)***
If my parents let *(simple past!)* me go, *Wenn meine Eltern es erlaubten (= erlauben würden),*	I **would come along** to the concert. *würde ich mit zum Konzert gehen.*
If M. L. King had not been murdered, *Wenn M. L. King nicht ermordet worden wäre,*	he **would have achieved** even more. *hätte er noch mehr erreicht.*

Wissen kurz gefasst ✓

Achte streng auf die englische Satzstellung S – P – O! Insbesondere, wenn du eine adverbiale Bestimmung an den Anfang setzt, kommt es häufig zu Fehlern, die du mit Hilfe des Ersatzsubjekts "there" vermeiden kannst.
"Would" steht niemals im Nebensatz mit "if", sondern nur im Hauptsatz bei Typ II und III.

Überblick über die Zeiten der Vergangenheit

Vorvergangenheit

Zeit	*past perfect progressive*	*past perfect*	
			past progressive
Gebrauch	(1) Handlungen, die irgendwann in der Vorvergangenheit angefangen hatten und in der Vergangenheit noch andauerten (2) Betonung der Dauer solcher Handlungen	(1) vorzeitige Handlungen, die in der Vergangenheit bereits beendet waren (2) "if"-Sätze Typ III bzw. unerfüllbare Wünsche (if only …)	(1) Handlungen, die zum Zeitpunkt des Sprechens in der Vergangenheit bereits begonnen hatten und noch nicht vorüber waren (2) Hintergrundhandlungen in der Vergangenheit
Aktiv	Bob **had been downloading** a song. *Bob war gerade dabei gewesen, einen Song herunterzuladen.*	Bob **had downloaded** a song. *Bob hatte einen Song heruntergeladen.*	While Bob **was downloading** a song, the telephone rang. *Während Bob gerade einen Song herunterlud, klingelte das Telefon.*
Passiv		A song **had been downloaded** by Bob.	A song **was being downloaded** by Bob.
Signalwörter	for, since	after, before	while, when

Vergangenheit → Gegenwart

simple past		
	present perfect progressive	***present perfect***
(1) abgeschlossene Handlungen in der Vergangenheit (2) wiederholte, regelmäßige Handlungen in der Vergangenheit (3) aufeinanderfolgende Handlungen	(1) Handlungen, die in der Vergangenheit begonnen haben und in der Gegenwart noch andauern (2) ebensolche Handlungen, deren Dauer betont werden soll	(1) Handlungen, die in der Vergangenheit begonnen haben und in der Gegenwart noch andauern (2) vergangene Handlungen, deren Ergebnis (noch) in der Gegenwart spürbar ist
Bob **downloaded** a song. *Bob lud einen Song herunter.*	Bob **has been downloading** a song for half an hour now. *Bob lädt schon seit einer halben Stunde einen Song herunter.*	Bob **has** never **downloaded** a song before. *Bob hat bis jetzt noch nie einen Song heruntergeladen.*
A song **was downloaded** by Bob.		A song **has** never **been downloaded** by Bob.
yesterday, last week/month/year, … ago, then, after that, suddenly	for, since	never, ever, already, just, (not) … yet

Überblick über die Zeiten der Gegenwart und Zukunft

Gegenwart Zukunft

Zeit	*present progressive*	*simple present*		
			going to-future	***will-future***
Gebrauch	(1) Handlungen, die im Augenblick des Sprechens/in der Gegenwart noch nicht vorüber sind (2) Handlungen, die in die Zukunft weisen	(1) dauerhafte Handlungen (2) wiederholte, regelmäßige Handlungen in der Gegenwart (3) aufeinanderfolgende Handlungen (4) gegenwärtige Handlungen, die in die Zukunft weisen	(1) geplante zukünftige Handlungen (2) Ereignisse in naher Zukunft (Anzeichen sind bereits gegeben)	(1) zukünftige Ereignisse, die unabhängig von deinen Plänen sind (2) Erwartungen, Hoffnungen, Voraussagen (3) spontane Entscheidungen (4) Hauptsätze in Bedingungssätzen ("if"-Sätze Typ I)
Aktiv	Bob **is downloading** a song. *Bob lädt gerade einen Song herunter.*	Bob **downloads** a song every day. *Bob lädt jeden Tag einen Song herunter.*	Bob **is going to download** a song. *Bob hat vor, einen Song herunterzuladen.*	Bob **will download** a song. *Bob wird einen Song herunterladen.*
Passiv	A song **is being downloaded** by Bob.	A song **is downloaded** by Bob every day.	A song **is going to be downloaded** by Bob.	A song **will be downloaded** by Bob.
Signalwörter	now, at this moment, this morning/afternoon, today	seldom, always, never, usually, every morning/day, the next day		einleitende Verben: expect, believe, hope, think, be sure

Wünsche

future progressive	***future perfect***	***future perfect progressive***		
			conditional	***conditional perfect***
Handlungen, die in der Zukunft eine gewisse Dauer haben	Handlungen, die in der Zukunft beendet werden	Handlungen, die in der Zukunft beendet werden und deren Dauer betont werden soll	(1) Wünsche oder Empfehlungen für die Zukunft (2) Hauptsätze in Bedingungssätzen ("if"-Sätze Typ II)	(1) Handlungen, die gewesen sein könnten (2) unerfüllbare Wünsche (3) Hauptsätze in Bedingungssätzen ("if"-Sätze Typ III)
Bob **will be downloading** a song. *Bob wird ein Lied herunterladen.*	Bob **will have downloaded** a song by tomorrow. *Bob wird bis morgen ein Lied heruntergeladen haben.*	Bob **will have been downloading** a song. *Bob wird ein Lied heruntergeladen haben.*	I wish Bob **would download** my favourite songs. *Ich wünschte, Bob würde meine Lieblingssongs herunterladen.*	If I were Bob, I **would have downloaded** more songs. *An Bobs Stelle hätte ich mehr Songs heruntergeladen.*
	By tomorrow a song **will have been downloaded** by Bob.		I wish my favourite songs **would be downloaded** by Bob.	A song **would have been downloaded** by Bob.
Verben, die eine bestimmte Dauer ausdrücken	by tomorrow, until Christmas, before May	Verben, die eine bestimmte Dauer ausdrücken		

Unregelmäßige Verben

infinitive	*simple past*	*past participle*	*Bedeutung*
be	was	been	sein
beat	beat	beaten	schlagen
become	became	become	werden
begin	began	begun	beginnen
bend	bent	bent	(sich) bücken, biegen
blow	blew	blown	blasen, wehen
break	broke	broken	brechen
bring	brought	brought	bringen
burn	burned/burnt	burned/burnt	brennen
build	built	built	bauen
buy	bought	bought	kaufen
cast	cast	cast	eine Rolle vergeben
catch	caught	caught	fangen
choose	chose	chosen	auswählen
come	came	come	kommen
cost	cost	cost	kosten
cut	cut	cut	schneiden
do	did	done	tun, machen
draw	drew	drawn	zeichnen
drink	drank	drunk	trinken
drive	drove	driven	fahren
eat	ate	eaten	essen
fall	fell	fallen	fallen
feed	fed	fed	füttern
feel	felt	felt	fühlen
fight	fought	fought	kämpfen
find	found	found	finden
fly	flew	flown	fliegen
forget	forgot	forgotten	vergessen
get	got	got	bekommen, gelangen
give	gave	given	geben
go	went	gone	gehen
grow	grew	grown	wachsen
hang	hung	hung	hängen
have	had	had	haben
hear	heard	heard	hören
hide	hid	hidden	verstecken
hit	hit	hit	schlagen
hold	held	held	halten
hurt	hurt	hurt	verletzen, wehtun
keep	kept	kept	(be-)halten
know	knew	known	wissen, kennen

lay	laid	laid	legen
lead	led	led	führen
learn	learned/learnt	learned/learnt	lernen
leave	left	left	(ver-)lassen
lend	lent	lent	verleihen
let	let	let	lassen
lie	lay	lain	liegen
lose	lost	lost	verlieren
make	made	made	machen
mean	meant	meant	meinen, bedeuten
meet	met	met	treffen
pay	paid	paid	zahlen
put	put	put	setzen, stellen, legen
read	read	read	lesen
ride	rode	ridden	fahren, reiten
ring	rang	rung	klingeln, anrufen
run	ran	run	rennen
say	said	said	sagen
see	saw	seen	sehen
sell	sold	sold	verkaufen
send	sent	sent	schicken, senden
shake	shook	shaken	zittern, schütteln
shoot	shot	shot	schießen
show	showed	shown	zeigen
sing	sang	sung	singen
sink	sank	sunk	sinken, untergehen
sit	sat	sat	sitzen
sleep	slept	slept	schlafen
speak	spoke	spoken	sprechen
spend	spent	spent	verbringen, ausgeben
stand	stood	stood	stehen
steal	stole	stolen	stehlen
swim	swam	swum	schwimmen
take	took	taken	nehmen
teach	taught	taught	lehren
tell	told	told	erzählen
think	thought	thought	denken
throw	threw	thrown	werfen
understand	understood	understood	verstehen
wake (up)	woke (up)	woken (up)	aufwachen, wecken
wear	wore	worn	tragen (Kleidung)
win	won	won	gewinnen
write	wrote	written	schreiben

F1

Welche Zeit muss ich für den folgenden Satz nehmen, *simple present* oder *present perfect?* Ich spiele seit zehn Jahren Gitarre.

F2

"Always" und *present progressive* – passt das zusammen?

F3

Übersetze den folgenden Satz:
Man hatte die Aboriginals gezwungen, ihre traditonelle Lebensweise aufzugeben.

F4

Past tense oder *present perfect?* Übersetze:
2001 gab es den Anschlag auf das World Trade Center, dessen Folgen noch heute gesehen werden können.

F5

Was ist der Unterschied zwischen *past perfect* und *past perfect progressive?*

F6

Wie bilde ich das *conditional perfect?*

F7

Was ist der Unterschied zwischen *going to-future* und *will-future?*

F8

Welche Verben bilden grundsätzlich keine *progressive*-Formen?

L2

Normalerweise passt "always" nicht zu einer Zeit im *progressive*, da diese eine einmalige, gerade andauernde Handlung beschreibt.

Um ein Gefühl von Ärger und Unzufriedenheit auszudrücken, geht es jedoch durchaus:
I **am always telling** you to turn your music down.

L1

Für Handlungen, die in der Vergangenheit begonnen haben und in die Gegenwart hineinreichen, benutzt du das *present perfect:*

I **have played** the guitar for ten years.

L4

In 2001 there **was** the attack on the World Trade Center, the consequences of which can be seen even today.

Für abgeschlossene Handlungen musst du das *simple past* nehmen. Das *present perfect* kann nicht mit konkreten Zeitangaben in der Vergangenheit stehen.

L3

Dazu musst du eine unpersönliche Passivkonstruktion ins *past perfect* setzen:

The Aboriginals **had been forced** to give up their traditional lifestyle.

L6

Du bildest das *conditional perfect* aus:
would (could/should/might) + have + *past participle*:

Harry **would have liked** to go home.
You **could have done** better!

L5

Beim einfachen *past perfect* ist die Handlung in der Vorvergangenheit bereits abgeschlossen, im *past perfect progressive* dauerte diese in der Vergangenheit noch an.

They **had waited** an hour but when we arrived, they had left.
They **had been waiting** for an hour when we arrived.

L8

Keine *progressive*-Formen bilden Verben
- der Wahrnehmung:
  z. B. see, hear
- des Wissens und Meinens:
  z. B. know, believe
- die Gefühle ausdrücken:
  z. B. love, hate
- die einen Zustand ausdrücken:
  z. B. own, belong

L7

Du verwendest das *going to-future* für geplante, beabsichtigte Handlungen in der Zukunft.
Das *will-future* steht bei neutralen Voraussagen.

I **am going to spend** the next school year abroad.
The next presidential election in the USA **will be** in 2008.

F9

Auf welche Zeit deuten die Signalwörter "still" und "not yet" hin?

F10

Was ist der Unterschied zwischen "for" und "since"?

F11

Wie heißt der Passivsatz zu:
Henry lent Tom his new CD.

F12

Wann kann ich beim Passivsatz den *by-agent* weglassen?

F13

Wie kann man folgenden Satz übersetzen?
The president is said to resign soon.

F14

In welchen Zeiten des *progressive* gibt es Passivformen?

F15

Ersetze den Relativsatz durch eine andere Konstruktion!
Reinhold Messner was the first who climbed Mount Everest without an oxygen mask.

F16

Wie könnte man folgenden Satz verkürzen?
He told me where I could find the office.

L10

"For" bezieht sich auf einen Zeitraum, "since" auf einen Zeitpunkt.

Helen and Thomas have been dating **for five months.**
He has fallen in love with her **since Brian's party.**

L9

"Still" und "not yet" deuten auf das *present perfect*. Sie verweisen auf Handlungen, die in der Vergangenheit begonnen haben, aber immer noch (still) andauern bzw. noch nicht (not yet) beendet sind.

Ben **has still not told** Susan that he has got another girlfriend.

L12

Unpersönliche Subjekte des Aktivsatzes (z. B. someone, people) werden im Passivsatz nicht genannt.

Some people don't do their homework regularly. → Homework is not done regularly.

L11

Bei Verben mit zwei Objekten (z. B. to lend) kannst du sowohl das direkte als auch das indirekte Objekt zum Subjekt des Passivsatzes machen:

Tom was lent the new CD.
The new CD was lent to Tom.

L14

Passivformen für das *progressive* gibt es nur im ***past progressive*** und ***present progressive***.
Das Passiv-*progressive* wird durch "being" ausgedrückt.

The president **is being interviewed** now.
The demonstrations **were being filmed**.

L13

Man sagt, der Präsident trete bald zurück.
Der Präsident – **so heißt es** – trete bald zurück.

Passivkonstruktionen (Subjekt + is said to + Infinitiv) übersetzt du am besten mit dem unpersönlichen Subjekt „man".

L16

Nach Fragewörtern lässt sich durch die Konstruktion Fragewort + Infinitiv ein Satz elegant verkürzen:

He told me **where to find** the office.

L15

Nach Superlativen wie "first", "last" etc. kann auch ein Infinitiv anstelle eines Relativsatzes stehen:

Reinhold Messer **was the first to climb** Mount Everest without an oxygen mask.

F17

Woran kann ich erkennen,
ob es sich bei einer
"-ing"-Form um ein *gerund*
oder ein *participle* handelt?

F18

Gerunds stehen häufig
nach …?

F19

Was ist der Unterschied
zwischen "stop" + *gerund* und
"stop" + Infinitiv?
He stopped teasing his little
sister.
He stopped to tease his little
sister.

F20

Wie lautet die Passivform
des *gerund*
"discriminating"?

F21

Steht nach "forget" im
folgenden Satz der Infinitiv
oder ein *gerund?*
Hast du vergessen, Sally zum
Geburtstag zu gratulieren?

F22

Steht nach der
Redewendung
"I'm looking forward to …"
ein Infinitiv oder ein *gerund?*

F23

Heißt es im Englischen
"the possibility to go"
oder
"the possibility of going"?

F24

"Let" und "make" –
wann muss ich welches Verb
verwenden?

L18

Gerunds stehen häufig nach

- Präpositionen: Mike is quite keen **on saving** his money for a trip to Italy.
- Verben der Abneigung/ Vorliebe: Sue **loves dancing**.

L17

Gerunds sind substantivierte Verben, die als Subjekt oder Objekt verwendet werden können:
Abseiling is a popular extreme sport.
I am fed up with **going** to the piano lesson every week.

Participles verkürzen (Teil-)Sätze:
Being (*statt* because she was …) disappointed with her boyfriend, Susie cried.

L20

Die Passivform wird mit "being" + *past participle* gebildet.

People hate **being discriminated.**

L19

"Stop" + *gerund* heißt, „aufhören, etwas zu tun":
He stopped teasing his little sister. –
Er hörte auf, seine kleine Schwester zu ärgern.

"Stop" + Infinitiv bedeutet, „aufhören, um etwas (Neues) zu tun":
He stopped to tease his little sister. –
Er hörte auf (z. B. Musik zu hören), um seine kleine Schwester zu ärgern.

L22

Nach "looking forward to" folgt ein *gerund*.
"To" ist in diesem Falle eine **Präposition,** kein einleitender Bestandteil eines Infinitivs.

I'm looking forward to **hearing** from you.

L21

Bezieht sich das Vergessen auf die Vergangenheit, folgt auf "forget" ein *gerund*:
Have you forgotten **congratulating** Sally to her birthday? (= dass du ihr bereits gratuliert hast)

Bezieht sich das Vergessen auf die Zukunft, verwendest du einen Infinitiv:
Don't forget **to be** there on time!

L24

"Let" bedeutet **„zulassen", „erlauben":**
The terrorists let the hostage use the bathroom.

"Make" hingegen bedeutet **„veranlassen", „zwingen":**
The terrorists made the hostage sit on the floor.

L23

Ähnlich wie bei "difficulty" muss auf "possibility" ein *gerund* folgen!

There is hardly any **possibility of going** to the concert. It is sold out.

F25

Wie heißt
die verneinte Form
von „nicht müssen“?

F26

Übersetze den folgenden
Satz mit Hilfe einer
Infinitivkonstruktion!
Ich hörte, wie meine Eltern
spät nach Hause kamen.

F27

Wie kann ich folgenden Satz
übersetzen?
Wir trafen uns in der Nähe
von Chinatown.

F28

Wo liegt der Unterschied
zwischen "who", "whom" und
"whose"?

F29

Bilde ein Satzgefüge mit
einem Relativsatz aus
den folgenden Sätzen:
Bill Gates is the richest man in
the world. His company Microsoft
makes billions every year.

F30

Wann darf ich
bei Relativsätzen
das Relativpronomen
weglassen?

F31

Wann muss ich
bei Relativsätzen
Kommas setzen?

F32

Wie kann ich folgenden Satz
im Englischen ausdrücken:
(Das mache) ich auch.

L26

I heard my parents **come** home late.

Nach **Verben der Wahrnehmung** kann der Infinitiv (ohne "to") einen Satz verkürzen.

L25

Achtung!
Die verneinte Form ist **nicht** "mustn't", denn "must not" heißt „nicht dürfen":
You **mustn't** shout at me. I'm your father.

Die verneinte Form für "must" ist **"needn't"**:
You **needn't** shout at me. I can hear you very well.

L28

"Who" und "whom" sind Relativpronomen für Personen. "Whom" wird heute nur noch selten gebraucht. "Whose" gebraucht man, um Besitz oder Zugehörigkeit anzuzeigen:

The actor **who** is sitting over there is Tom Hanks.
The doctor **to whom** I go is going to move to London.
The driver, **whose** car was damaged, called the police.

L27

We **met** near Chinatown.

Denke daran, dass längst nicht bei allen Verben, bei denen im Deutschen ein Reflexivpronomen verwendet wird, auch im Englischen eines steht!
Englische Verben, die kein Reflexivpronomen bei sich haben, sind z. B.: change, concentrate, feel, meet, remember, shave, wonder.

L30

Wenn der Relativsatz ein eigenes Subjekt hat, kann das Relativpronomen weggelassen werden. Man spricht von einem *contact clause:*

The actor **I like most** is Brad Pitt.

L29

Bill Gates, **whose** company Microsoft makes billions every year, is the richest man in the world.

Um Zugehörigkeit oder Besitz bei Dingen auszudrücken, benutzt du "whose".

L32

So do I.

"So" kann am Satzanfang eine Inversion (Wortumstellung) auslösen.

L31

Nicht notwendige Relativsätze werden durch **Kommas** abgetrennt:

Martin Luther King, who was influenced by Mahatma Ghandi's non-violent strategy, was a great man.

Bei notwendigen Relativsätzen steht hingegen im Englischen kein Komma!

F33

An welcher Stelle kann ich im folgenden Satz Adverbien der Art und Weise (z. B. easily) setzen?
Toni passed the exam.

F34

Welche Regel gilt, wenn Orts- und Zeitangaben sowie Adverbien der Art und Weise am Ende eines Satzes aufeinandertreffen?

F35

Wo stehen Satzadverbien im Satz (z. B. suddenly, (un-)fortunately)?

F36

Wie kann ich folgenden Satz im Englischen ausdrücken?
Du hast mir die Wahrheit gesagt, oder?

F37

Welche Adverbien können eine Inversion auslösen?

F38

Wie drücke ich unerfüllbare Wünsche der Vergangenheit in Bedingungssätzen aus?

F39

Welche Zeiten muss ich in "if"-Sätzen verwenden?

F40

Frage nach dem Subjekt im folgenden Satz:
Howard is going spend the next year abroad.

L34

M – P – T (manner – place – time):

Although there were a lot of people,
Mark felt **lonely on Bondi Beach at Christmas**.

L33

Toni **easily** passed the exam.
Toni passed the exam **easily.**
Easily Toni passed the exam.

Je nach Betonung können Adverbien der Art und Weise an unterschiedlichen Positionen stehen, jedoch **niemals zwischen Verb und Objekt.**

L36

You have told me the truth, **haven't you?**

Anhängsel wie „oder" bzw. „nicht wahr" werden am besten durch *question tags* (Hilfsverb + Pronomen) ausgedrückt.
Denke daran, dass Aussage und *question tag* immer gegensätzlich gepolt sind.

L35

Satzadverbien stehen am **Anfang des Satzes:**

Unfortunately Martin Luther King was shot in Memphis in 1968.

L38

Unerfüllbare Bedingungen der Vergangenheit stehen im *past perfect*.
Im Hauptsatz verwendest du *conditional perfect*:

If I **had not been** so blind, I **would have noticed** that she did not love me any more.

L37

Stehen negative Adverbien **(never, hardly, no sooner ... than, only)** am Satzanfang, so können sie die normale Satzstellung S – P – O verändern. Das Hilfsverb wird vor das Subjekt gezogen:

Never have I believed him!

L40

Who is going to spend the next year abroad?

Fragt man mit "who" nach dem Subjekt, **verändert sich die Satzstellung gegenüber dem Aussagesatz nicht!**
Die sonst übliche Wortstellung bei Fragen ist:
(Fragewort –) Hilfsverb – Subjekt – Verb – Objekt.

L39

	Nebensatz	Hauptsatz
Typ I	"if" + *simple present*	*will-future*
Typ II	"if" + *simple past*	*conditional*
Typ III	"if" + *past perfect*	*conditional perfect*

Denk dran:
"Would" steht niemals im Nebensatz mit "if"!

F41

In welche Zeit wird
das *present perfect*
in der indirekten Rede
verschoben?

F42

Was passiert mit
der Zeitangabe "this year"
in der indirekten Rede?

F43

Setze die folgende
Aufforderung in die
indirekte Rede:
Mary (to her mother):
"Don't treat me like a child!"

F44

Was muss ich bei
der Satzstellung von
indirekten Fragen beachten?
"Where have you put
my iPod?"
(direkte Frage)

F45

Setze den Satz mit
going to-future
in die indirekte Rede:
"I am going to see Julian
tonight," Sarah said.

F46

Was muss ich in der
indirekten Rede tun, wenn
bei einer direkten Frage kein
Fragewort vorhanden ist?
Bob: "Do you support
Greenpeace, Sue?"

F47

Das *present perfect* hat
keine richtige deutsche
Entsprechung.
Welche Zeit soll ich bei einer
Übersetzung nehmen?

F48

Darf ich bei einer
Übersetzung ins Deutsche
auch die Satzstruktur
verändern?

L42

Zeitangaben müssen in der indirekten Rede möglicherweise einem veränderten Blickwinkel angepasst werden:

this year → **that year**

L41

Das *present perfect* wird in der indirekten Rede zu ***past perfect:***

Nick: "Lisa **has dropped** out of school."→ Nick informed us that Lisa **had dropped** out of school.

L44

Indirekte Fragen haben die Satzstellung eines Aussagesatzes (Subjekt – Prädikat – Objekt).

Naomi asked her boyfriend **where he had put her iPod**.

L43

Mary told her mother **not to treat** her like a child.

Aufforderungen werden in der indirekten Rede mit einer Infinitivkonstruktion wiedergegeben. "Not" steht dabei vor "to" + Infinitiv.

L46

Ist kein Fragewort vorhanden, verwendest du "**whether**" oder "**if**" (= ob):

Bob wanted to know **whether** Sue supported Greenpeace.

L45

Sarah said that she **was going to** see Julian that night.

Beim *going to-future* ist die Form von "to be" entscheidend: "is" wird hier zu "was".

L48

Eine Übersetzung ist keine Kopie einer Satzes in einer anderen Sprache. Daher darfst du durchaus die Satzstruktur verändern und z. B.

- aus einem langen verschachtelten Satz zwei kürzere machen,
- aus einem Passivsatz einen Aktivsatz machen.

L47

Das *present perfect* kann – je nach Kontext – im Perfekt oder im Präsens wiedergegeben werden.

The standard of living has been improved – *Der Lebensstandard hat sich heute verbessert./ Der Lebensstandard ist heute besser.*

F49

Wie kann man im folgenden Satz "to hope" in einer anderen Wortart übersetzen? I hope to find a job for the summer vacation.

F50

Wie kann ich in Bezug auf die Grammatik meinen Stil verbessern?

F51

Worauf muss ich beim Satzbau achten, um in einem guten Stil zu schreiben?

F52

Bei welchen Substantiven steht kein bestimmter Artikel ("the")?

F53

Wie muss der folgende Satz im Englischen lauten? Die meisten Australier sind ziemlich gelassen.

F54

Wie lautet der folgende Satz im Englischen? Es ist eine Schande, dass sich niemand um die Obdachlosen kümmert.

F55

Übersetze den Satz: Die Schule hat sich in den letzten 50 Jahren sehr verändert.

F56

Was ist der Unterschied zwischen "then" und "than"?

L49

Häufig ist es eleganter, die **Wortart** bei einer Übersetzung zu **wechseln.**

to hope (Verb) → hoffentlich (Adverb)

Hoffentlich finde ich einen Job für die Sommerferien.

L50

Stilistisch gute Texte weisen eine Breite an grammatischen Strukturen auf, insbesondere

- *gerunds*
- *participles*
- Inversion
- Passiv

Versuche, diese Strukturen aktiv anzuwenden!

L51

Vermeide eine Aneinanderreihung von kurzen Hauptsätzen. Achte auf eine gelungene Verknüpfung der Satzgefüge durch Konjunktionen, z. B.: **although, in spite of, after, before, but, because.**

Although Robert didn't love Nancy, he continued dating her.

L52

Generell steht **kein bestimmter Artikel** bei:

- Eigennamen (im Singular)
- Städten, Straßen
- Ländern (im Singular)
- Bergen, Parks, Seen
- Monaten, Tagen, Jahreszeiten
- Verkehrmitteln
- abstrakten Substantiven (z. B. life, time)

L53

Most Australians are rather easy-going.

"Most" ist unbestimmt und steht daher immer **ohne Artikel!**

L54

It's a shame that nobody cares for **the homeless.**

"The" + Adjektiv bezeichnet immer eine ganze Gruppe, z. B.: the poor, the young.

L55

Denkst du an den **Unterricht,** steht "school" **ohne** bestimmten Artikel:
School has changed a lot in the last 50 years. (= the method of teaching etc.)

Bezeichnet "school" hingegen das **konkrete Gebäude,** so musst du **"the"** hinzusetzen:
The school has been renovated twice in the last 50 years. (= the buildings)

L56

"Then" heißt „dann":
Then there was a knock on the door.

"Than" wird in Vergleichen verwendet und bedeutet „als":
Rita is **more popular than** Sue.

F57

Sind die folgenden Wörter Substantiv- oder Verbformen?
life – lives – live

F58

Ordne die folgenden Begriffe den Wortarten Adjektiv, Verb und Substantiv zu:
death – dead – die

F59

Wann muss ich "this" bzw. "these" verwenden?

F60

Woran kann ich erkennen, dass es sich um ein Adjektiv bzw. ein Adverb handelt?

F61

Wie lautet für das Adjektiv "hard" die Adverbform und dessen Steigerung?

F62

Wann steigere ich Adjektive mit "-er/-est" bzw. mit "more/most"?

F63

Welche Funktion hat "did" im folgenden Satz?
Honestly. I did mention it to you!

F64

Steigere die Adjektivformen von "good" und "bad", anschließend ihre Adverbformen.

L58

Adjektiv: dead
Verb: to die
Substantiv: death

L57

"Life" ist eine Substantivform.
"Lives" ist sowohl Pluralform von "life" als auch Verbform (3. Person Singular Präsens).
"Live" kann Verbform oder Adjektiv sein.

Many passengers lost their **lives**.
Harry **lives** in Sydney.
I saw the match **live** on TV.

L60

Adjektive bestimmen Substantive, Adverbien beziehen sich auf Verben. Adverbien werden in der Regel aus dem Adjektiv gebildet, indem man "-ly" anhängt:

terrible → terrib**ly**

L59

"This" ist die Singularform, "these" brauchst du für den Plural:

This demonstration was peaceful.
These protests have started a year ago.

L62

Einsilbige Adjektive (und zweisilbige, die auf "-y" enden) werden mit **"-er/-est"** gesteigert:

crazy – crazier – craziest

Mehrsilbige Adjektive werden mit **"more/most"** gesteigert:

difficult – more difficult – most difficult

L61

hard – harder – hardest

Achtung!
"Hardly" bedeutet „kaum"!

L64

Adjektiv:
good – better – best
bad – worse – worst

Adverb:
well – better – best
badly – worse – worst

L63

Die Form von "to do" wirkt verstärkend:

Ich habe es dir gegenüber **wirklich** erwähnt!